AF381162

Anmerkungen des Autors:

Aus reimtechnischen Gründen konnte bei
den vorliegenden Gedichten nicht immer
der Gendergerechtigkeit Genüge getan
werden.
Niemand soll sich deshalb diskriminiert
fühlen.

Maximilian J. R. von Berg

Gedichte zum Schmunzeln
aus
1001er schlaflosen Nacht

Eine Hommage an Heinz Erhardt

Maximilian J. R. von Berg

Gedichte zum Schmunzeln
aus
1001er schlaflosen Nacht

Eine Hommage an Heinz Erhardt

Impressum

Bibliografische Information der Deutschen Nationalbibliothek:
Die Deutsche Nationalbibliothek verzeichnet diese Publikation in
der Deutschen Nationalbibliografie; detaillierte bibliografische
Daten sind im Internet über http://dnb.dnb.de abrufbar.

Die automatisierte Analyse des Werkes, um daraus Infor-
mationen insbesondere über Muster, Trends und Korrelationen
gemäß §44b UrhG („Text und Data Mining") zu gewinnen, ist
untersagt.

Cover-Illustration: Matthias Ose, Bayreuth/Ofr.

Verlag: BoD · Books on Demand GmbH, In de Tarpen 42,
22848 Norderstedt, bod@bod.de
Druck: Libri Plureos GmbH, Friedensallee 273, 22763 Hamburg

ISBN: 978-3-7693-1813-5

Für

Evi und Katharina

Inhalt

PROLOG

PROLOG

„Humor ist, wenn man trotzdem lacht" –
soweit ein Sprichwort, das man immer wieder hört.

Doch ist Humor nicht viel mehr? Und was passiert, wenn wir etwas mit Humor nehmen oder betrachten?

Nun, man könnte sagen, in Abwandlung des anfangs erwähnten Zitates:

- Humor ist, wenn man lacht
- Humor ist, wenn man über sich selbst lachen kann
- Humor ist, wenn man über etwas oder über eine Situation schmunzeln kann

Humor ist aber auch tatsächlich eine Chance, über schwierige Erlebnisse hinwegzukommen und manchen Ärger nicht allzu ernst zu nehmen.

Gerade verzwickte Situationen, tölpelhafte Versuche den Alltag zu meistern, Peinlichkeiten und Ungeschicklichkeiten aller Art, unausweichliche Charakterzüge und Persönlichkeitsstrukturen können mit Humor genommen werden – ob es uns nun selbst oder andere betrifft. Dieses „Medikament", das sich Humor nennt, hilft eindeutig, das Leben zu meistern.

Das Leben, das sich hin und wieder wie eine „Krankheit" äußern kann, begegnet uns häufig in den unterschiedlichsten gesellschaftlichen Ausdrucksformen.

Angefangen bei der heutigen kalten Leistungsgesellschaft bis hin zur übertriebenen Nutzung der Digitalisierung und dem Anheimfallen so mancher Internetsucht. Ständig alleine und einsam vor einem technischen Gerät sitzend, kann einem schon der Humor abhandenkommen.

Denn ein wichtiges Element des Humors ist auch, dass man zusammen mit anderen lachen kann und dieses Erlebnis gemeinsamen Lachens Gemeinschaft stiftet.

Wir Menschen sind Gott sei Dank mit der Gabe gesegnet, aus vollem Halse bzw. von ganzem Herzen lachen zu können und so wie Liebe, Musik und Kunst unser Leben unendlich bereichern und qualitativ hochwertig machen, so ist auch der Humor eine große Bereicherung unserer Existenz.

In der Nachkriegszeit ging ein großer und überaus leuchtender Stern des Humors über Deutschland auf, verkörpert in dem wunderbaren und einzigartigen Humoristen *HEINZ ERHARDT*.

Er eroberte mit seinem unverwechselbaren „Ehrhardt-Stil" als Wortjongleur – Artist die Bühnen, Filmstudios, Radios und Buchläden.

Obwohl selbst geprüft vom Krieg, dem Schicksal und den nicht immer angenehmen Alltäglichkeiten des Lebens, entwickelte er die unglaubliche Fähigkeit, den „Angriffen des Lebens" mit Humor Paroli zu bieten.

Ein einmaliges Vorbild für alle Menschen, die schwere Stunden und Leid zu ertragen hatten und durch Kontakt mit *Heinz Ehrhardt* – wie auch immer – Hilfe, Freude und Erleichterung fanden.

Diese ansteckende Herzenswärme und augenzwinkernde Lebensphilosophie blühte nicht nur zu seinen Lebzeiten, sondern strahlt auch heute noch in ihrer unvergleichlichen Art und Weise weiter fort und bringt bis in unsere Tage ganze „Blumenwiesen zum Leuchten".

In diesem Sinne darf das vor Ihnen liegende Buch im Gedenken an *Heinz Ehrhardt* Ihnen zum Genuss gereichen. Es möge ihm die Ehre erweisen, die ihm gebührt.

Evelyn von Gernler

HEINZ ERHARDT

In nur vier Zeilen

In nur vier Zeilen was zu sagen
erscheint zwar leicht; doch es ist schwer!
Man braucht ja nur mal nachzuschlagen:
die meisten Dichter brauchen mehr ...

Heinz Erhardt

(Aus: DAS GROSSE HEINZ ERHARDT BUCH, Seite 266 •
29. Auflage 519.-525. Tausend •
© 1970 Fackelträger-Verlag Schmidt-Küster GmbH, Hannover
•
Printed in W.-Germany 1981)

HEINZ ERHARDT
– Laudatio in memoriam –

Heinz Erhardt konnte lustig dichten,
in nur vier Zeilen alles sagen,
erzählen fröhliche Geschichten,
drum wollte ich es auch mal wagen.

Doch habe ich sehr früh erkannt,
auch ich als Dichter brauche mehr,
ich schaut' auf's weiße Blatt gebannt
und stellte fest, es ist sehr schwer.

Heinz Erhardt war einer der bedeutendsten
deutschen Humoristen,
wenn nicht sogar der bedeutendste
und ist heute immer noch aktuell und beliebt.

So wurde ich für eine Vielzahl
meiner humoristischen Gedichte
auch durch Heinz Erhardt inspiriert.

Als großer Verehrer und Bewunderer habe ich
IHM
das oben stehende Gedicht gewidmet.

Ich danke Ihnen – posthum –
lieber ***Heinz Erhardt***!

DOCH EIN PAAR VIERZEILER

Verwandtschaft mit dem Mond

Ständig nimmt er ab und zu,
ist mal dunkel, mal im Licht,
kann verstehen ihn partout,
so geht's mir mit dem Gewicht.

Die Ohren
oder „Tinnitus"

Die Ohren sind nicht nur zum Hören,
das Sausen ihnen auch gefällt,
so mancher kann es selbst beschwören,
wenn's Ohrensausen ihn befällt.

Der Pfarrer
oder „totaliter aliter"

Der Pfarrer auf der Kanzel predigt,
von Gottesstrafe, strenger Zucht,
doch manches sich von selbst erledigt,
wenn man vom Tod wird heimgesucht.

Jägerlatein

Jägerlatein der Jäger spricht,
oft in vergnügter Runde,
nicht jeder ist darauf erpicht,
will keine Märchenstunde.

Walhalla

Manche Köpfe in Walhalla,
die gemeißelt fest in Stein,
waren doch oft ballaballa,
frag mich, müssen die dort sein?

Die launenhaften Musen

Mal wird der Künstler inspiriert
und ganz berühmt im Lande,
mal wird er einfach ignoriert
und bringt nichts mehr zustande.

Große Damenhüte

Manche Damen Hüte tragen,
wenn ihr Teint schon leicht zerknüllt,
es bereitet Wohlbehagen,
weil's Gesicht dann fein verhüllt.

Der Diamant
oder „Druck und Ruck"

Der Diamant entsteht durch Druck,
sonst wär' er einfach Kohle,
der Mensch braucht oft auch einen Ruck,
dass er das Beste aus sich hole.

Der Regenwurm

Ein Regenwurm verliebte sich,
doch es kam bald die Wende,
für ihn war's furchtbar ärgerlich,
es war sein eignes Ende.

Zigarren

Zigarren sind oft sehr beliebt,
sie es auch als Belohnung gibt,
doch sind sie manchmal sehr verhasst,
wenn sie vom Chef wurden verpasst.

Die Voliere

So mancher denkt „der hat 'ne Meise",
erkennt jedoch bald die Misere,
es deuchtet ihm ganz still und leise,
der hat 'ne ganze Voliere.

High Heels

High Heels sind beliebt bei Damen,
doch führen sie sehr oft zu Schäden,
die Füße gerne schnell erlahmen,
zur Freude vieler Orthopäden.

Pfeifenraucher

Pfeifenraucher sind gemütlich
und verströmen Tabakduft,
rauchen sie doch unermüdlich,
sehnt man sich nach frischer Luft.

Der Kabeljau

Ein Fisch mit Namen Kabeljau,
der trank sehr gern Likör mit Ei,
dann wurde er serviert in Blau
und mit dem Trinken war's vorbei.

Trinkgewohnheiten

Der Brauer der trinkt Gerstensaft,
der Winzer lieber seinen Wein,
da ich doch bin recht wechselhaft,
find' ich beide Getränke fein.

Tiergespräche

Die Katze die maunzt oft Miau,
der Hund bellt lieber Wau, Wau, Wau,
ganz stumm ist doch der Kabeljau
und fröhlich grunzt die rosa Sau.

Pfunde

Der Engländer der liebt sein Pfund
und kann damit bezahlen,
so manch einer ist kugelrund
und kann damit nicht prahlen.

Geist ist nicht gleich Geist

Des Hirnes Geist sehr oft entschwindet,
wenn's Hirn mit Weingeist sich verbindet,
drum hat der Glück, der hirnlos ist,
des Hirnes Geist er nicht vermisst.

Pilzgenüsse

In den Wäldern wachsen Pilze,
was erfreut die Pilze-Ilse,
doch die Pilze an den Füßen,
kann die Ilse nicht genießen.

Zahnlos

Wenn der Arzt muss Zähne reißen,
aus dem morschen Kieferknochen
und du kannst nicht mehr gut beißen,
solltest du nur Suppe kochen.

Politiker

Politiker die sprechen gerne
und reden oft nur bla, bla, bla,
man sieht sie lieber aus der Ferne,
am besten sie wär'n gar nicht da.

Gott sei Dank (Schweinchen I)

Vor lauter Angst das Schweinchen quiekt,
es nicht mehr bei der Mutter liegt,
der Metzger schleift sein Messer blank,
doch gibt's auch Vegetarier – Gott sei Dank.

Schwein gehabt (Schweinchen II)

Vor lauter Angst das Schweinchen quiekt,
es nicht mehr bei der Mutter liegt,
der Metzger schleift sein Messer blank,
doch rennt's davon – denkt „Gott sei Dank".

Des einen Freud des andren Leid

Der Wurm der an der Angel hängt,
an nicht sehr Angenehmes denkt,
dagegen freut sich noch der Fisch,
solange bis er liegt am Tisch.

Das Frühstücksei

Der Sergeant von der Polizei,
der aß bequem sein Frühstücksei,
ein Dieb schlich unerkannt vorbei,
aus war's mit der Verhafterei.

Der Bach

Der Bach er fließet immer weiter,
gemächlich durch das tiefe Tal,
die Bach'schen Töne auf der Leiter,
für'n Schüler werden oft zur Qual.

Der Fischer

Ein Fischer der will Fische fischen,
um sie dann zu verspeisen,
Herr Fischer will Marie erfrischen
und mit ihr weit verreisen.

Der Pianist

Der Pianist sitzt am Piano,
haut in die Tasten, schwarz und weiß,
er denkt „mens sana in corpore sano"
und von der Stirne rinnt der Schweiß.

Mein Oldtimer

Mein Oldtimer steht meist in der Garage,
doch manchmal fahr' ich ihn mit Hochgenuss,
jedoch kann's sein, dass er mich bringt in Rage,
wenn ich zu Fuß nach Hause gehen muss.

Die Sopranistin

Presst sie das hohe C hinaus,
so dass vom Baume fällt das Laub,
ist es für mein Gehör ein Graus,
deshalb wär' ich jetzt lieber taub.

Dirigentin und Notenwart

Die Dirigentin hebt den Stock,
den Einsatz nun zu geben,
der Notenwart hat keinen Bock – mehr
und geht jetzt einen heben.

Gott sei Dank – Konzertpause
oder „Nicht jeder Konzertbesuch ist erbaulich"

Wenn endlich ist Orchesterpause
und Gott sei Dank tritt Ruhe ein,
zur Bar ich dann sehr schnell hinsause
und trink vor Frust ein Fläschchen Wein.

Die alleinstehende Katze

Die Katz' obwohl allein sie lebt,
so kann es aber dennoch sein,
wenn sie ein Glas zu viel mal hebt,
dass sie kommt mit 'nem Kater heim.

Hühneraugen

Hühner brauchen für ihr Wohlergehen,
Augen, um damit zu sehen,
doch die Hühneraugen an den Zehen,
sind sehr hinderlich beim Gehen.

Bienenstich

Wenn die Biene kommt und sticht,
tut es weh, drum mag ich's nicht,
den Bienenstich in dem Café,
den mag ich, denn der tut nicht weh.

X- und O-Beine

So mancher macht dir ein X vor für ein U
und der Gelackmeierte bist du,
doch funktioniert's bei Beinen nicht,
da man nur von X- und O-Beinen spricht.

Birnen I

So mancher Birne fehlt's an Hirn,
deshalb ist's düster hinter der Stirn,
da hilft selbst keine Neon-Birne,
denn es bleibt finster hinter der Stirne.

Birnen II

Bei Obst, das an den Bäumen hängt,
man gern auch mal an Birnen denkt,
doch sind die Birnen in der Lampe,
nicht sehr bekömmlich für die Wampe.

Des Einfältigen Einfälle

Der Einfältige hat's nicht leicht,
er wird gern mal bedauert,
da seine Einfälle sind seicht
und überall Spott lauert.

Der Mime

Des Mimen Brust oft stolzgeschwellt,
voll Pathos und voll Lust,
jedoch wenn ihm sein Text entfällt,
beschleicht ihn großer Frust.

Der Schwerenöter

Der Heinrich war ein Schwerenöter
und wollte die Frau Rita frei'n,
jedoch sie trug nur Liebestöter,
da blieb er vorerst doch allein.

Die Eselsbrücke

Hast im Gedächtnis du 'ne Lücke,
so braucht es eine Eselsbrücke,
die überbrücket deine Lücken,
dass du mit Wissen kannst dich schmücken.

Erfolglose Schmuserei

Ein Eisbär und 'ne Stachelbeer',
die wollten gern mal schmusen,
doch stachelte es viel zu sehr,
der Eisbär konnt's nicht recht verknusen.

Der Amtsschimmel

Im Office der Beamte döst,
im Schreibtisch sich der Käs auflöst
und schimmelt langsam vor sich hin,
so macht der Amtsschimmel ja doch noch Sinn.

Der Furnierbohrer

So mancher Dünnbrettbohrer hält,
sich für den Größten in der Welt,
doch bohrt Furnier er häufig nur,
von Selbstkritik gar keine Spur.

Der Weise und sein Weisheitszahn

Der Weise, der lebt gern vegan,
drum mag er keinen Parmesan,
liebt auch nicht seinen Weisheitszahn,
trinkt lieber mal 'nen Enzian,

Die Gerüchteküche

Der Koch der klopft das Schnitzel platt,
damit die Gäste werden satt,
das Schandmaul klopft oft hohle Sprüche
und nährt nur die Gerüchteküche.

Der Bodensehkaffee

Einst saß ein Mann am Bodensee,
wollt' trinken einen strong Kaffee,
als er den Tassenboden sah – oje,
wußt' er, es ist ein Bodensehkaffee.

Bruchrechnen

Der Lehrer das Bruchrechnen liebt
und will's den Schülern weitergeben,
im Winter wenn es Glatteis gibt,
muss man auch mal mit andren Brüchen leben.

Margaritas ante porcos
oder „Sternstunden der Klassik"

Der Bauer wollt' den Schweinestall beschallen,
mit Perlen aus der Klassik, um den Schweinen zu
gefallen,
die Schweine aber tat's Gedudel doch nur nerven,
drum heißt's auch „Perlen vor die Säue werfen".

Adam und Eva im Herbst

Fällt im Herbst das Laub vom Baum,
gibt's auch im Paradies es kaum,
drum sollte Eva sich sehr schicken
und Hemdchen für sie beide stricken.

Adam und Eva konnten auch Englisch

Wenn im Herbst bei Wind und Wetter,
fallen nieder alle Blätter,
wär's für Adam und auch Eva besser,
wenn beide hätten einen Sweater.

Die Hörner

Die Hörner von der Kuh,
die machen nicht mal „Muh",
die Hörner im Musikverein,
erträgt man oft nur mit viel Wein.

Lehrer oder Pädagoge

Oft bläut der Lehrer trocknes Wissen,
den Schülern ein, wie hingeschmissen,
doch ist da auch der Pädagoge,
er führt mit Schülern Dialoge.

Manus manum lavat

Manus manum lavat,
spricht eine Hand zur andern,
sie ist bereit zur schmutz'gen Tat
und's Schmiergeld kann schön wandern.

Odette

Es war einmal die Frau Odette,
fand ihren Namen gar nicht nett,
dann musste geh'n sie auf's Klosett,
seit dem nennt sie sich Frau Claudette.

Taube Eier

Wenn dir die vielen lauten Tauben,
mit ihrem lästigen Ru-Ru-Geleier,
die allerletzten Nerven rauben,
wär's gut, sie legten nur noch taube Eier.

In vino veritas

„In vino veritas" gerne der Lateiner spricht,
drum ist ein mancher auf 'nen Rausch erpicht,
er glaubt so kommt die Wahrheit an den Tag,
doch kommt heraus oft nur Gequak.

Der Quartalssäufer

Ein Mann saß täglich im Lokal,
soff unentwegt sich durchs Quartal,
es wurd' für ihn zum schönen Brauch,
drum heißt Quartalssäufer er auch.

Der „eingefleischte" Vegetarier

Vegetarier möchten fleischlos leben
und sich mit Nudeln und Salat beglücken,
doch wird's wohl „Eingefleischte" unter ihnen
geben,
die gerne auch mal Fleisch verdrücken.

Theodor Fontane

Der Dichter Theodor Fontane,
dcr saß auf scincr Ottomanc,
verzehrte dort eine Banane,
doch fehlte ihm dazu die Sahne.

Das Grillparzer-Märchen

(„Heinz Erhardt lässt grüßen")

Franz Grillparzer war sehr brillant,
doch ist es frei erfunden,
dass er den Gartengrill erfand,
was viele uns bekunden.

Herr Ringelnatz

Im Garten von Herrn Ringelnatz,
da saß ein kleiner frecher Spatz,
der zwitscherte so manchen Satz – in sein Ohr,
schade, dass er mich nicht auserkor.

Christian Morgenstern

Der Dichter Christian Morgenstern,
der traf sehr oft des Pudels Kern,
ich sucht' den Kern so manche Stunden,
hab' ihn bis jetzt noch nicht gefunden.

Eugen Roth

Der Eugen Roth, der konnte dichten,
vom „Mensch" so allerlei berichten,
er kam auch nie in Reimes Not,
der ehrenwerte Eugen Roth.

Wilhelm Busch

Mit scharfem Blick und spitzer Feder,
bekam sein Fett ab doch ein jeder,
so wurden alle ungelogen,
durch Wilhelm Busch's Kakao gezogen.

Nota bene

Wohlgemerkt – sprich „Nota bene“,
nicht immer hilft Likör bei Sorgen,
frag einfach doch die fromm’ Helene
und hoffe auf ein bessres Morgen.

Der Zitronenfalter

Er kam so langsam in das Alter,
der werte Herr Zitronenfalter,
ihm fiel’s Zitronenfalten schwer,
jetzt fliegt er nur noch faul umher.

Gurre-Lieder

(„Nicht nur von Arnold Schönberg“)
Sie machen ständig gurr, gurr, gurr,
in ihrem Glanzgefieder,
die Tauben – nicht der Kater Murr,
es sind der Tauben Gurre-Lieder.

RITTER BOBBY BALLADEN

Ritter Bobby als Privatmann

Ritter Bobby und die Rüstung

Der Ritter Bobby Eisenhart,
der war als Kind sehr schwach und zart,
deshalb konnt' er in jungen Tagen,
auch keine schwere Rüstung tragen,
drum hatte er nur Hemdchen an,
so lange bis er ward' ein Mann.

Ab jetzt er konnte es auch wagen
und eine schwere Rüstung tragen.

Schlussfolgerung:
Erst wenn du bist ein starker Mann,
dann ziehe eine Rüstung an.

Ritter Bobby als Nikolaus

Der Ritter Bobby Eisenhart,
war stolz auf seinen weißen Bart,
drum musste er zur Weihnachtszeit,
als Niklaus stehen stets bereit.

Am Anfang fand er es ganz toll,
bis er die Nase hatte voll.

Er färbte seinen weißen Bart,
in Schwarz, in Blond, in Rot ganz zart,
so hoffte er das Niklausspiel,
das ihm geworden war zu viel,
ganz elegant jetzt zu umgeh'n,
wollt' nicht mehr auf der Matte steh'n.

Doch hat das Färben nichts gebracht,
da er, obwohl sehr ausgelacht,
noch immer sollt' den Niklaus geben,
was war jedoch nicht sein Bestreben.

Schlussfolgerung:
Kannst du das Niklausspielen nicht mehr leiden,
so musst du dir den Bart abschneiden.

Ritter Bobby und das Hirn

Der Ritter Bobby Eisenhart,
hat öfters mal 'nen Stuss geschmarrt,
er konnt' die Zunge oft nicht zügeln
und wollt' sich gerne auch mal prügeln,
besonders wenn er war sehr voll,
was andre fanden gar nicht toll.

Schlussfolgerung:
Ob mit oder ob ohne Wein,
beim Reden schalt' das Hirn stets ein.

Ritter Bobby und Scotland Yard

Der Ritter Bobby Eisenhart,
stellte sich vor bei Scotland Yard,
er wollte werden Kommissar,
das fand er einfach wunderbar.

Die Ausbildung hat er begonnen,
doch ist sein Lebenstraum zerronnen,
da er nie einen Gangster fing,
weil er sehr stark am Leben hing.

Aus Angst er machte einen Bogen,
um jeden Schurken – ungelogen,
er keinen so zur Strecke brachte,
deshalb der Yard ihn recht verlachte.

Das war zu viel für unsren Ritter,
es war für ihn besonders bitter,
da er den Dienst musste quittieren,
doch hatte er nichts zu verlieren.

Er ging zurück auf's Ritterschloss,
dort war er wieder schnell der Boss
und spielte Räuber und Gendarm,
das Schießgewehr hielt er im Arm,
er auf die Elstern war erpicht,
da er sie leiden konnte nicht.

Sie stahlen seine Kronjuwelen,
er konnt' den Ärger nicht verhehlen,
doch diese Diebe jetzt zu jagen,
bereitete ihm Wohlbehagen.

Er konnte sie zur Strecke bringen,
die Selbstachtung zurückgewinnen,
er hat den Yard vergessen schnell
und fühlt sich wieder very well.

Schlussfolgerung:
Soll's Selbstvertrauen wieder sprießen,
musst du auf diebisch freche Elstern schießen.

Ritter Bobby als Kassenwart

Der Ritter Bobby Eisenhart,
wurde gewählt zum Kassenwart,
in seinem Burgdohlenverein,
das fand er anfangs auch ganz fein,
er sollte das Budget verwalten
und die Finanzen neu gestalten.

Jedoch gab es dabei Probleme
und nicht gerade angenehme,
da immer wieder Geld verschwand,
entwendet wie von Geisterhand.

Das Geld bestimmt war für die Dohlen
und sollte helfen unverhohlen,
den Lebensraum der Vögel schützen
und so der Vogelaufzucht nützen.

Doch wurde nur viel diskutiert
und deshalb ist auch nichts passiert,
die Vögel auf der Strecke blieben,
der Dohlen Träume so zerstieben.

Der Bobby nun wollt' wissen sehr,
wer räumte wohl die Kasse leer,
er legte sich dann auf die Lauer
und war auf einmal ganz schön sauer,
da seine flinken, schlauen Dohlen,
das Geld ihm einfach weggestohlen.

Doch bald er konnte sie verstehen,
die Dohlen mussten etwas drehen,
damit sie zu der Kohle kommen,
der Geldsegen war sehr willkommen,
sie konnten sich jetzt selbst versorgen
und hatten nie mehr Aufzuchtsorgen.

Schlussfolgerung:
Ein Kassenwart kann sein sehr fein,
wenn's nicht grad ist beim Burgdohlenverein.

Ritter Bobby und das Zielwasser

Der Ritter Bobby Eisenhart,
wollt' schießen einen Leopard,
drum kaufte er sich ein Gewehr
und dacht' bei sich, das wird nicht schwer.

Doch musste er sich Mut antrinken,
um nicht vor Angst gleich zu versinken,
dann schoss er auf den Leopard,
der olle Ritter Eisenhart.

Jedoch hat er ihn nicht getroffen,
da er zuvor zu viel gesoffen.

Schlussfolgerung:
Wenn du zu viel Zielwasser säufst,
du meistens es sehr schnell bereust.

Ritter Bobby und sein Solopart

Der Ritter Bobby Eisenhart,
der ahnte nichts vom Solopart,
er sollte mimen einen Helden
und sich beim Inspizienten melden,
um Näheres dort zu erfahren,
welch' künstlerisch galant Gebaren,
mit seiner Partnerin zusammen,
ums Publikum schnell zu entflammen,
sie sollten dort zum Besten geben,
das Werk erfüllen neu mit Leben.

Die Proben hatten prompt begonnen,
die Zeit ist wie im Flug verronnen,
es hat auch alles funktioniert,
denn beide war'n sehr engagiert.

Auf einmal war es dann so weit,
es war gekommen nun die Zeit,
die Inszenierung aufzuführen,
die Spannung war sehr wohl zu spüren,
im Publikum und auf den Brettern,
sie weiter tat nach oben klettern
und als der Vorhang sich erhob,
kam der Applaus als erstes Lob.

Doch musst' das Publikum mit Schrecken,
auf einmal ein Malheur entdecken,
dass Bobby ganz alleine stand,
zwar Blumen in der rechten Hand,
doch die Gespielin allerhand,
war von der Bühne ganz verschwunden,
was alle merkten unumwunden.

Sie hatt' verstaucht ihr linkes Knie
und deshalb Schmerzen wie noch nie,
sie konnt' die Rolle nicht mehr spielen,
den Bobby Ängste stark befielen,
die Rolle er musst' übernehmen
und deshalb sich doch merklich schämen.

Er ständig war am Kleidertauschen,
es war für ihn zum Haare raufen,
so sprang er laufend hin und her,
was für den Mimen war sehr schwer.

Das ständig hektisch' Wechselspiel,
war für den Bobby jetzt zu viel,
die Orientierung er verlor,
kam sich wie Charlies Tante vor.

Schlussfolgerung:
Musst du stets tauschen deine Rollen,
beschwer dich bei der kranken Ollen.

Ritter Bobby und sein Quad

Der Ritter Bobby Eisenhart,
der saß auf seinem neuen Quad,
er fuhr im Schlosspark stets umher,
das fiel dem Ritter gar nicht schwer,
da er nur um den Brunnen fuhr
und das auch noch in einer Tour.

Er brauchte dabei nicht viel denken
und musste nur im Kreis rumlenken.

Der Ritter war nicht grad der Hellste,
doch war er stets der Allerschnellste,
das war für ihn auch kein Problem,
da er allein fuhr außerdem.

Schlussfolgerung:
Bist du nicht grad der Allerhellste,
so kannst du trotzdem sein der Schnellste,
wenn du im Kreis fährst stets allein,
weil dich kann holen niemand ein.

Ritter Bobby unterwegs

Ritter Bobby und der dukatenfreie Supermarkt

Der Ritter Bobby Eisenhart,
der kaufte ein im Supermarkt,
er wollt' bezahlen mit Dukaten,
da wurd' ihm schnell eine verbraten,
denn die Dukaten waren out,
der Euro in – vernahm er laut,
dann stand er ziemlich dumm herum
und wusste nicht so recht warum.

Schlussfolgerung:
Willst mit Dukaten du einkaufen,
musst du zur Wechselstube laufen.

Ritter Bobby und die Seekrankheit

Der Ritter Bobby Eisenhart,
begab sich auf 'ne Meeresfahrt,
das Schiff es schwankte hin und her,
da konnt' der Ritter bald nicht mehr,
er musste sich stets übergeben
und dacht': „Werd' ich das überleben"?

Es ging noch eine Zeit so weiter,
was fand der Ritter gar nicht heiter,
dann ist er doch noch gut gelandet,
nachdem das Schiff ist nicht gestrandet.

Schlussfolgerung:
Wenn du im Boot sitzt, nicht auf Pferden,
dann solltest du nicht seekrank werden.

Ritter Bobby und die Butterfahrt

Der Ritter Bobby Eisenhart,
begab sich auf 'ne Butterfahrt,
er dacht' es gäbe Schmalz zuhauf,
drum war er auch ganz super drauf.

Doch als es gab nur Margarine,
da nahm er sich 'ne Limousine
und fuhr nach Hause auf sein Schloss,
betrank sich dort mit Calvados.

Dem Ritter war es eine Lehre,
so etwas kommt ihm nie mehr in die Quere.

Schlussfolgerung:
Auf Butterfahrten – ungelogen,
wirst meist du über'n Tisch gezogen.

Ritter Bobby und die Prozession

Der Ritter Bobby Eisenhart,
wanderte einst zu Himmelfahrt,
mit Gläubigen und Klerikalen,
– damit er konnte auch mal prahlen –,
ganz andächtig in der Natur
und lauschte still der Prozedur,
die doch noch sehr lang ging vonstatten,
was seine Glieder ließ ermatten.

Anschließend ging er in die Kneipe,
was wohltat seinem müden Leibe.

Schlussfolgerung:
Lässt du dich sonntags in der Kirche blicken,
darfst du danach im Gasthaus dich erquicken.

Ritter Bobby und seine Kutsche

Der Ritter Bobby Eisenhart,
der machte oft 'ne Autofahrt,
durch seine vielen Ländereien,
er kam vorbei auch an Abteien,
doch fing er immer an zu schreien,
wenn er sein Auto musst verbleien,
mit teurem Super Plus Benzin,
da seine Kohle schmolz dahin.

Er dacht' an längst vergang'ne Tage,
als der Benzinpreis war noch keine Frage,
doch sind die Zeiten längst passé,
zu fahren mit dem PKW,
für ein paar Cent pro Kilometer,
was merken musste doch ein jeder.

Der Bobby aber hatte Glück,
holte die Kutsche sich zurück,
aus einer seiner alten Burgen,
verschrottete den alten Gurken.

Er fuhr nur noch mit seiner Kutsch'
und auch die Geldsorgen war'n futsch.

Schlussfolgerung:
Nennst du ein altes Auto noch dein Eigen,
wär's besser auf 'ne Kutsche umzusteigen.

Ritter Bobby und die Familie

Ritter Bobby und die Ukulele

Der Ritter Bobby Eisenhart,
hatte 'nen Bruder Eduard,
der ständig auf den Saiten zupfte,
bis Bobby dann im Dreieck hupfte.

Drum konnte er ihn gar nicht leiden,
sie kamen deshalb oft ins Streiten
und gingen sich dann an die Kehle,
der Grund dafür – die Ukulele.

Sie wurd' beim Kampf sehr stark beschädigt,
somit das Thema war erledigt.

Schlussfolgerung:
Die Ukulele mag nicht jeder,
deshalb gibt's oft ein groß Gezeter.

Ritter Bobby und die Nervensäge

Der Ritter Bobby Eisenhardt,
hatte 'ne Nichte Edelgard,
sie hat ihn öfters heimgesucht,
weshalb er vor sich hingeflucht,
sie laberte oft stundenlag,
den größten Schmarrn ohne Belang,
das ging dem Bobby auf den Geist
und auch die Nerven war'n zumeist,
bis zum Zerreißen angespannt,
er wär so gern davongerannt.

Doch war's der Nervensäge gleich,
obwohl der Ritter war schon bleich,
sie schnatterte in einem fort
und Bobby dachte schon an Mord,
doch hätte es nicht viel gebracht,
hat er für sich ganz still gedacht,
er fühlte so ein Unbehagen,
müßt's Mundwerk extra noch erschlagen,
so ließ er sie dann doch am Leben,
ging in die Kneipe einen heben.

Schlussfolgerung:
Willst du das Mundwerk nicht erschlagen,
musst du's Geschwafel halt ertragen.

Ritter Bobby als Rechthaber

Der Ritter Bobby Eisenhart,
der gab sehr gerne Widerpart,
da er stets alles besser wusste
und immer nur Recht haben musste.

Deshalb war er sehr unbeliebt
und oft die Stimmung auch getrübt,
wenn die Verwandtschaft kam auf's Schloss,
er wieder saß auf hohem Ross
und ließ die Seinen runterlaufen,
es war nur noch zum Haareraufen.

Drum wollt' ihn niemand mehr besuchen,
auch wenn es Kaffee gab und Kuchen,
so saß er irgendwann verlassen,
vor seinen leeren Kaffeetassen.

Nun in dem großen Ahnensaal,
er mit sich selbst sprach ganz banal,
jetzt konnt' er mit sich selber streiten
und auf dem letzten Furz rumreiten,
doch hörte keiner ihm mehr zu,
da fehlte die Verwandtschaftscrew.

Schlussfolgerung:
Bist ständig du rechthaberisch,
du meistens sitzt allein am Tisch.

Ritter Bobby und sein Onkel

Der Ritter Bobby Eisenhart,
hatte 'nen Onkel Eberhardt,
der zog vor vielen Jahren fort,
an einen weit entfernten Ort,
man munkelte nach Übersee,
der Grund war, er trank gerne Tee.

Auch nahm er die Familie mit,
das war ein folgenschwerer Schritt,
denn Bobby war nun ganz allein,
das fand der Ritter sehr gemein.

Schlussfolgerung:
Nur weil du gerne trinkst 'nen Tee,
musst du nicht gleich nach Übersee.

Ritter Bobby und die Überfahrt

Der Ritter Bobby Eisenhart,
der buchte eine Überfahrt,
er wollt' besuchen Onkel, Tanten,
in Übersee alle Verwandten,
doch leider war niemand daheim,
nun stand er da so ganz allein.

Vor Frust er in die Kneipe ging
und dort dann tagelang rumhing,
er hätte länger warten wollen,
doch blieben alle ganz verschollen,
das Warten hat ihm nichts gebracht,
weshalb er heimfuhr dann bei Nacht.

Schlussfolgerung:
Willst du in Übersee Verwandte mal besuchen,
ruf vorher an, bevor du eine Fahrt tust buchen.

Ritter Bobby als Pechvogel

Ritter Bobby und die Laus

Der Ritter Bobby Eisenhart,
der war am Körper stark behaart,
er wechselte niemals sein Hemd
und auch das Baden war ihm fremd.

Er zog sich nur ganz selten aus,
erst als ihn biss im Pelz die Laus,
sprang er hinein dann in ein Bad,
solange bis die Laus war stad.

Schlussfolgerung:
Willst Du nicht Wanz´ und Läuse hegen,
so musst du deinen Körper pflegen.

Ritter Bobby und die Heiserkeit

Der Ritter Bobby Eisenhart,
der hatte stets ein Lied parat,
drum sang er täglich viele Stund',
bis irgendwann die Stimm' ward' wund,
er brachte keinen Ton mehr raus
und mit dem Singen war es aus.

Schlussfolgerung:
Wenn du den ganzen Tag singst Songs,
vergiss nicht deine Halsbonbons.

Ritter Bobby und die Schatzsuche

Der Ritter Bobby Eisenhart,
hat tief im Schlossgarten gescharrt,
er wollte einen Schatz ausheben,
das war schon lange sein Bestreben.

Er hatte keinen Plan zur Hand,
kam vor sich wie ein Dilettant,
so hat er leider nichts gefunden
und deshalb sich umsonst geschunden.

Schlussfolgerung:
Nur wenn du einen Plan besitzt,
dann hast Du nicht umsonst geschwitzt.

Ritter Bobby und der Winter

Der Ritter Bobby Eisenhart,
ist einst bei Schnee und Eis erstarrt,
da er zu viel vom Bier getankt
und einschlief auf der Gartenbank,
so konnte er sich nicht mehr rühren
und seine Glieder auch nicht spüren.

Am Morgen ist er aufgetaut
und wurd' von seiner Frau verhaut,
da er sie um den Schlaf gebracht
und sie dann auch noch ausgelacht.

Schlussfolgerung:
Willst du dir nicht erfrier'n den Hintern,
vermeid im Frei'n zu überwintern.

Ritter Bobby und das verpennte Osterfest

Der Ritter Bobby Eisenhart,
auf Ostereier hat geharrt,
doch wollten sie nicht zu ihm kommen,
deshalb der Ritter war beklommen
und wollte sie dann selber finden,
er hat gesucht auch unter Linden.

Doch hatte er umsonst gesucht
und laufend nur noch rumgeflucht,
der Grund dafür ward' ihm bald klar,
weil Ostern längst vorüber war,
er hatte Ostern glatt verpennt
und ist umsonst umhergerennt.

Schlussfolgerung:
Wenn Ostern ist schon längst vorbei,
dann lass die Eiersucherei.

Ritter Bobby als Schlossherr

Ritter Bobby und der Ackergaul

Der Ritter Bobby Eisenhart,
der wollte machen einen Start,
mit seinem neuen Pferdewagen,
in längst vergang'nen alten Tagen.

Das Pferd jedoch, das war zu faul,
es war ein müder Ackergaul,
der lieber auf der Weide graste
und nicht gern durch die Gegend raste.

Schlussfolgerung:
Hast du 'nen Gaul der ist zu faul,
so hau' ihm einfach eins auf's Maul.

Ritter Bobby und die Geldnot

Der Ritter Bobby Eisenhart,
der hatte sehr viel eingespart,
an Heizung, Essen und an Kleidung,
er hatte 'ne defekte Leitung,
die er nun konnte reparieren
und noch so manches auch sanieren.

Jetzt strahlt das Schloss in neuem Glanz,
da renoviert die Bausubstanz.

Die Hausbank ward ihm nicht gewogen,
deshalb er fühlte sich betrogen,
trotzdem hat er's allein geschafft,
mit Köpfchen und mit Muskelkraft.

Er kann an seinem Stolz sich laben,
es ohne Bank geschafft zu haben.

Schlussfolgerung:
Gibt dir die Bank kein Bau-Darlehen,
so musst du eigne Wege gehen.

Ritter Bobby und das Gespenst

Der Ritter Bobby Eisenhart,
ist einst vor lauter Angst erstarrt,
denn als er in den Spiegel schaute,
es ihn auf einmal schrecklich graute,
da die Beleuchtung war sehr schlecht
und Bobby sah mehr schlecht als recht,
drum glaubte er es sei ein Geist,
der ihn da ansah frech und dreist.

Er wollte ihn sofort verprügeln,
konnt' aber seine Wut noch zügeln,
da es nur war sein Spiegelbild,
so war es mit dem Geist nicht wild.

Schlussfolgerung:
Bevor du ein Gespenst willst hauen,
so solltest du genau hinschauen.

Ritter Bobby und das Duell

Der Ritter Bobby Eisenhart,
wurd' aufgefordert zum „en garde",
vom Gegenüber mit 'nem Degen,
das kam dem Ritter sehr gelegen,
er wollte sich mal duellieren,
den alten Degen ausprobieren.

Jedoch war dieser stumpf, nicht spitz,
das Duellieren wurd' zum Witz,
der Gegner hatte Oberhand
und Bobby ist davongerannt.

Schlussfolgerung:
Willst du gewinnen ein Duell,
kauf dir 'nen neuen Degen schnell.

Ritter Bobby und die Coolness

Der Ritter Bobby Eisenhart,
war immer cool und ganz schön smart,
er konnte alles leicht wegstecken,
das Personal im Schloss oft necken,
auch war er öfters mal galant
und küsste Damen gern die Hand.

Doch war es mit der Coolness aus,
als in der Küche lief 'ne Maus,
umher und nagte alles an,
das war nichts für den smarten Mann.

Er wollte fangen diese Maus,
sie war für ihn ein arger Graus,
es ist ihm aber nicht gelungen,
da sie ihm ist davongesprungen.

Schlussfolgerung:
Willst fangen du die Maus, die dralle,
so kauf dir eine Mausefalle.

Ritter Bobby und die Tischmanieren

Der Ritter Bobby Eisenhart,
der speiste immer separat,
an seinem gold'nen „Tischlein deck dich",
wie einst König der zweite Ludwig.

Es wurde täglich hochgefahren,
in all den vielen, vielen Jahren,
nach oben in den Ahnensaal,
wo Bobby aß sein täglich Mahl.

Man musste ihn stets separieren,
da fehlten ihm die Tischmanieren,
er ständig sich am Kopfe kratzte,
mit seiner Gabel und auch schmatzte,
das Rülpsen viel ihm äußerst leicht,
im Pupsen war er unerreicht.

Schlussfolgerung:
Wer Martin Luther zu ernst nimmt,
den Tischnachbarn oft sehr ergrimmt.

Ritter Bobby und das Geisterschloss

Der Ritter Bobby Eisenhart,
hatte sehr lange ausgeharrt,
auf seinem alten Geisterschloss,
was ihn schon lange sehr verdross,
denn das Benehmen seiner Geister,
es wurde immer frecher, dreister,
sie spukten nicht nur in der Nacht,
auch tagsüber hat's oft gekracht.

Nun hatte er die Nase voll
und fand es einfach super toll,
in eine Stadtwohnung zu zieh'n,
in der nie Geister sind gedieh'n.

Schlussfolgerung:
Willst du mit Geistern nicht mehr leben,
so solltest du dein Schloss aufgeben.

Ritter Bobby als Gourmet

Ritter Bobby und die Hühner

Der Ritter Bobby Eisenhart,
kaufte sich einen Maschendraht,
er wollt' den Hühnerstall einzäunen,
damit die Hühner besser träumen
und keine Angst vorm Fuchs mehr haben,
der muss sich jetzt woanders laben.

Die Hühner konnten gut geraten,
bevor sie wurden dann gebraten.

Schlussfolgerung:
Willst du die Hühner selbst genießen,
musst du den Stall einzäunen oder auf den Räuber
schießen.

Ritter Bobby und die Eigenart

Der Ritter Bobby Eisenhart,
der hatte eine Eigenart,
er aß die Eier immer roh,
das machte ihn bislang auch froh.

Als irgendwann die Salmonellen,
die importiert von den Seychellen,
sich ganz rasant in ihm vermehrten,
sein Ritterleben sehr erschwerten.

Doch hatte er nochmals viel Glück,
bekam den Lebensmut zurück,
er nur noch Eier jetzt begehrt,
die hart gekocht er nun verzehrt.

Schlussfolgerung:
Das Eierkochen macht stets Sinn,
die Salmonellen sind dann hin.

Ritter Bobby und die fehlenden Beilagen

Der Ritter Bobby Eisenhart,
der hatte einst ein Schwein gegart,
die Beilagen hat er vergessen,
drum musste er das Schwein pur essen.

Das ist ihm nicht sehr gut bekommen,
er war am Schluss dann ganz beklommen,
die Magenschmerzen waren heftig
und auch der Darm der groll ganz mächtig.

Schlussfolgerung:
Isst du ein Schwein ohne Beilagen,
so brauchst du einen starken Magen.

Ritter Bobby und die Sonderwünsche

Der Ritter Bobby Eisenhart,
der aß sehr gerne á la carte,
im Restaurant und auch im Schloss,
was oft die Küchen sehr verdross,
denn er konnt' selten sich entscheiden,
dafür das Personal musst' leiden
und auf die Sonderwünsche warten,
bis es mit Kochen konnte starten.

Er hatte trotzdem oft zu motzen,
das Personal fand es zum Kotzen,
drum mischte es auch gerne mal,
zu Bobbys Leid und großer Qual,
gegen des Ritters eignen Willen,
des Apothekers Abführpillen,
ganz heimlich in das Essen rein,
doch dieser Streich war sehr gemein.

Der Ritter musste eilig flitzen
und lange auf der Schüssel sitzen,
danach ist's restlos ihm vergangen,
nach Extrawürsten zu verlangen.

Schlussfolgerung:
Willst du die Küchen nicht verdrießen,
dann solltest du dich schnell entschließen.

Ritter Bobby und das Bauchweh

Der Ritter Bobby Eisenhart,
war kreidebleich und ganz malad,
er hatte Kirschen viel verzehrt
und Wasser hinterher geleert.

Die Mischung hat sich nicht vertragen
und schikaniert' den Rittermagen,
es dauerte nicht lang – wie „toll",
sein Bauch ihm ganz entsetzlich groll.

Schlussfolgerung:
Willst Kirsch' und Wasser du verzehren,
so wird der Bauch sich meistens wehren.

Ritter Bobby und die Poularde

Der Ritter Bobby Eisenhart,
aß gerne mal eine Poularde,
er wollte sie im Rohre braten,
was ihm jedoch ist ganz missraten,
da er die Zeit völlig vergessen,
der Vogel aber unterdessen,
von Stund' zu Stunde weiterbriet,
sodass der Braten nicht geriet.

Das Tier es schrumpfte immer mehr,
nicht mehr geeignet zum Verzehr,
der Ritter fand nur noch 'nen Klumpen,
aus Kohle und zwei kurze Stumpen,
die früher einmal Beine waren
und schrumpften durch das lange Garen.

Er warf den Vogel in den Graben,
woran sollt' er sich jetzt bloß laben.

Er überdacht' sein Missgeschick,
dann lenkte ihn sein Küchenblick,
ganz oben auf das Holzregal,
wo ihm sehr leicht fiel seine Wahl.

Jetzt ließ der Bobby sich nicht lumpen,
er holte sich den Silberhumpen
und füllte ihn mit frischem Bier,
was austrank er mit großer Gier,
damit er seinen Frust vergesse,
das Bier wurd' ihm zur Delikatesse.

Schlussfolgerung:
Geht dir der Vogel ganz daneben,
dann solltest du 'nen Humpen heben.

Ritter Bobby und seine ungesunde Lebensart

Der Ritter Bobby Eisenhart,
der hatte eine Lebensart,
er wollte alles voll genießen
und ließ sich anfangs nichts verdrießen,
besuchte jede Singleparty
und köpfte manche Flasche Chablis,
fand jede Gartenparty toll,
war auch nicht selten hackevoll.

Verzehrte nicht nur Rind und Lamm,
sondern auch gerne Schweinekamm,
Gemüse konnte er nicht leiden,
Salat und Obst tat er stets meiden,
viel lieber trank er Obst als Schnaps,
bis dann kam der Kreislaufkollaps,
sein Arzt schnell auf Diät ihn setzte,
was unser Ritter nicht sehr schätzte.

Vorbei war's mit der Schlemmerei,
nicht mal mehr gab's ein Frühstücksei,
es war der Schmalhans angesagt
und Bobby hat sehr viel geklagt:
„das Leben mache keinen Spaß,
mit diesem blöden Dinkelfraß".

Doch half kein Schimpfen und kein Klagen,
in diesen kargen Diät-Tagen.

Schlussfolgerung:
Schwer ist's nach einem Schlemmerleben,
die Pfunde wieder abzugeben.

Ritter Bobby und der Obstsalat

Der Ritter Bobby Eisenhart,
der aß sehr gerne Obstsalat,
da er jetzt vegetarisch lebte
und nicht nach Fleisch und Wurst mehr strebte,
war er sehr stark darauf bedacht,
zu essen fleischlos Tag und Nacht.

Er musste ganz genau hinschauen,
um nicht auf Maden 'rumzukauen.

Schlussfolgerung:
Willst du im Obstsalate „baden“,
so achte stets auf Wurm und Maden.

Ritter Bobbys Liebesleid und Liebesfreud

Ritter Bobby und das nasse Leinen

Der Ritter Bobby Eisenhart,
der fand die Kunigund' apart,
sie wollt' jedoch nichts von ihm wissen,
drum weinte er ins Federkissen,
bis dieses dann ward pitschenass,
die Nacht so wurde nicht zum Spaß.

Er hat sie nach und nach vergessen,
jetzt schläft er wieder gut stattdessen.

Schlussfolgerung:
Musst du ins Federkissen weinen,
so kann sehr nass werden das Leinen.

Ritter Bobby und die kalte Sophie

Der Ritter Bobby Eisenhart,
hat sich mit der Sophie gepaart,
doch war es ihr im Schloss zu kalt,
weshalb sie wieder fortlief bald.

Sie suchte sich 'nen Bäckerbuben
und zog in seine Bäckerstuben,
dort war's ihr nicht mehr bitterkalt,
sie wurd' beim Bäckerbuben alt.

Und in den warmen Bäckerstübchen,
da gab's bald viele Bäckerbübchen
und auch so manches Bäckermädchen,
bevölkerte das Bäckerlädchen.

Schlussfolgerung:
Wenn's deiner Sophie ist zu kalt,
dann musst das Schloss du heizen halt.

Ritter Bobby als Minnesänger
  oder: „Warum Hildegard alleine sang"

Der Ritter Bobby Eisenhart,
der traf sich mit der Hildegard,
er war verliebt in sie doch sehr
und war ja auch nicht irgendwer,
der schöne, stolze Rittersmann,
mit seinem Werben jetzt begann.

Er wollte Lieder mit ihr singen,
deshalb er zog zu ihr nach Bingen,
doch hatte sie gar keine Lust,
nachdem sie war nicht sehr robust,
zu singen ganz aus voller Brust,
was für den Ritter war ein Frust.

Sie lieber kochte Dinkelbrei
und pflückte Kräuter allerlei,
bekehrte hinter Klostermauern,
so manchen rüpelhaften Bauern,
sie hatte heilige Visionen
und aß sehr gerne auch mal Bohnen.

Doch diese wirkten ungemein,
die Dissonanzen war'n nicht fein,
deshalb sie lieber sang allein,
in ihrem stillen Kämmerlein.

Die Harmonie der schönen Lieder,
wurde gestört doch immer wieder.

Der arme Ritter ging von dannen,
mit seinen Knappen, seinen Mannen,
er zog zurück sich auf sein Schloss,
was anfangs ihn doch sehr verdross.

So musst' der arme Bobby Ritter,
was er empfand besonders bitter,
alleine singen ohne sie,
dafür des Ritters Melodie,
war nicht durch Flatulenz gestört,
was viele hätte sonst empört,
zum Glück er keine Bohnen mochte
und lieber etwas andres kochte.

Sein inbrünstiger Wehgesang,
jedoch nicht bis nach Bingen drang,
er suchte sich dann andre Damen,
die er besang mit Verve und Namen.

Die Solosingerei von Bobby,
wurde alsbald zu seinem Hobby
und aus dem wack'ren Einzelgänger,
ein ganz passabler Minnesänger.

Schlussfolgerung:
Willst singen du ein Lied zu zweit,
so sollten Bohnen sein sehr weit.

Ritter Bobby und der verlorene Hochzeitsmut

Der Ritter Bobby Eisenhart,
hat seine Mutter angestarrt
und war auf einmal ganz verdutzt,
dass er sollt' werden rausgeputzt,
mit Smoking, Fliege und Zylinder,
im Garten lachten Hochzeitskinder.

Sie standen bei der weißen Braut,
die bald sollt' werden angetraut,
dem Ritter mit dem blauen Blut,
doch den verließ der Hochzeitsmut.

Drum hatte er den Tag vergessen
und war auf einmal ganz versessen,
sich leise aus dem Staub zu machen,
die Braut so hatte nichts zu lachen,
sie muss fortan woanders suchen,
nur schade um den Hochzeitskuchen.

Schlussfolgerung:
Willst du nichts von der Braut mehr wissen,
so musst du dich ganz schnell verpissen.

Ritter Bobby als Romeo
*oder „Das Happyend – Warum es nicht immer
Shakespeare sein muss "*

Der Ritter Bobby Eisenhart,
hat seinen Eltern offenbart,
dass er das Freifräulein Isolde,
schon immer gerne freien wollte.

Die Eltern haben's nicht gelitten,
da die Familien war'n zerstritten,
seit vielen, vielen langen Jahren,
die ganze Sache war verfahren.

So schlich der tapf're Bobby Ritter,
bei Sturm, Getöse und Gewitter,
zu seiner allerliebsten Maid,
er schwor ihr Lieb' für alle Zeit
und bot ihr an sein fest' Geleit.

Sie gingen beide Hand in Hand,
weit fort in ein entferntes Land
und lebten glücklich und zufrieden,
da sie ja die Verwandtschaft mieden.

Schlussfolgerung:
Nicht immer muss es wie bei Shakespeare enden,
das Drama kann sich auch zum Guten wenden.

Vom kleinen Drachen
und anderen
verrückten Lebewesen

Der kleine Drache
oder „Das Schicksal eines Drachentöters "

Der kleine Drache Benjamino,
der trank ein Glas zu viel vom Vino,
dann schlich er an Prinz Siegfried ran,
das war ein sehr berühmter Mann.

Der Drache biss ihn in das Bein,
das fand Herr Siegfried gar nicht fein,
er lief davon und war in Nöten,
deshalb konnt' er ihn nicht mehr töten.

Schlussfolgerung:
Wenn Drachen dumme Sachen machen,
so haben Siegfrieds nichts zu lachen.

Das alte Krokodil

Das Krokodil es war schon alt
und konnte nicht mehr schwimmen halt,
es hatte Hüftgelenksarthrose
und an den Zehen 'ne Mykose,
die Schmerzen plagten überall,
die Füße war'n von Wasser prall,
drum lief es nur herum am Stock,
trank aus Verzweiflung sehr oft Grog
und dachte an die Belle Époque,
da es noch war begehrt als Leder,
weil's haben musste doch ein jeder,
in Form von Gürteln, Taschen, Schnallen,
der Hautevolee so zu gefallen.

Doch hat die Stimmung sich gedreht,
es niemand heute mehr versteht,
dass Kroko-Leder war begehrt
und gern man Kroko-Fleisch verzehrt'.

So hat es heute seine Ruh',
das Kroko-Jagen ist tabu,
das Krokodil wird nun sehr alt,
dafür kann's nicht mehr schwimmen halt.

Schlussfolgerung:
Wird's Krokodil nicht mehr gejagt,
es dann von Altersleid geplagt.

Die Katze

Die Katze saß am Fensterbrett
und schaute auf den Baum,
da saß ein Vogel ganz adrett
und das war wohl kein Traum.

Sie dachte sich, ach wär' das nett,
wenn ich ihn könnte kriegen,
ich nämlich dann den Vogel hätt',
doch kann ich wirklich fliegen?

Die Katze überlegte sich,
es fehl'n mir ja die Schwingen,
die Sache ist zu schwer für mich,
drum wird sie nicht gelingen.

Beim Fliegen fall ich auf den Bauch,
bleib lieber hier am Boden
und fange Mäuse wie's der Brauch
und brech' mir keine Pfoten.

Die Raupe Wurdniesatt

Die kleine Raupe Wurdniesatt,
die saß auf einem grünen Blatt,
das Blatt war voller Läuse,
die war'n so groß wie Mäuse.

Da Raupen keine Mäuse fressen,
so musste sie es glatt vergessen,
denn Mäuse sind für Katzen gut,
drum war die Raupe voller Wut.

Sie setzte sich auf einen Hut,
das tat der Raupe super gut,
sie fand auch gleich etwas zu essen
und hat 'ne Kopflaus aufgefressen.

Die Katze Schnurr

Es war einmal ein kleines Mäuschen,
das schaute frech aus seinem Häuschen,
da kam die Katze Schnurr vorbei
und las ihm vor so Allerlei,
es saß dabei auf einer Matte
und wurde eine Leseratte.

Der Fuchs

Der Fuchs, der saß im Hühnerstall,
da tat es einen lauten Knall,
die Hühner setzten sich zur Wehr
und schossen mit dem Schießgewehr.

Der Schuss flog ihm dann um das Ohr,
so dass er sein Gehör verlor,
auch hat's am Pelz ihm sehr gebrannt,
weshalb er ist davongerannt.

Schlussfolgerung:
Willst du im Hühnerstalle feiern Feste,
vergiss nicht eine kugelsichre Weste.

Die Schnecke

Die Schnecke kroch aus ihrem Haus,
da war's für sie auf einmal aus,
sie hatte Igel Fritz vergessen,
der hat sie einfach aufgefressen.

Das Haus war ohne Fensterschlitz,
drum sah sie nicht den Igel Fritz.

Und die Moral von der Geschicht':
Bau Häuser ohne Fenster nicht!

Der Holzwurm

Er hatte früher viel zu lachen,
ob all der guten, leck'ren Sachen,
fraß sich durch Bäume und durch Rinden
und hatte stets genug zu finden.

Doch sind die Zeiten nun vorbei,
mit Eichen, Buchen, Völlerei,
jetzt findet er oft nur Furnier
und Kunststoffbretter dort und hier,
kann meist nur noch auf Kunststoff kauen
und hat Probleme beim Verdauen.

Schlussfolgerung:
Musst du am Kunststoff nagen, klopfen,
vergiss nicht deine Magentropfen.

Kater Stanislaus

Es trat der Kater Stanislaus,
nachdem er sich den Bart geputzt,
wie jeden Morgen vor das Haus
und war auf einmal sehr verdutzt.

Was liegt denn hier für weißer Staub,
wo gestern noch die Wiese war,
so sprach er zu sich überlaut,
auf einmal ward die Sach' ihm klar.

Es hat geschneit zur Weihnachtszeit,
die Welt ist eingezuckert
und hat ein schönes weißes Kleid,
ganz sacht hat er geschnuppert.

Er stiefelte im tiefen Schnee,
mit seinen schwarzen Pfoten
und dacht bei sich – oh weh, oh weh,
die kalten Winterboten.

Nachdem er durch den Schnee stolziert,
wie eine Ballerina fein,
dacht er, ich hab genug probiert,
mir ist es kalt, ich geh jetzt heim.

Er putzte sich die Pfoten blank,
bevor er sprang zum Ofen schnell,
zu wärmen auf der Ofenbank,
sein kaltes nasses Katzenfell.

Das blinde Huhn

Es war einmal ein blindes Huhn,
das hatte meistens nichts zu tun,
drum suchte es die ganze Zeit,
nach Körnern mit viel Artigkeit.

Doch fand es keine Körner nicht,
nicht mal beim hellsten Tageslicht,
auch nicht beim blauen Rittersporn,
fand es kein einzig Futterkorn.

Es suchte weiter immerfort,
doch fand es nichts, an keinem Ort,
es flatterte vor Frust umher,
das Suchen fiel ihm doch recht schwer.

Am Speicher hat es auch probiert
und ist sehr lang' herumspaziert,
ein Korn auf einmal es doch fand,
die Leistung war schon allerhand.

So findet auch ein blindes Huhn,
durch sein beharrlich fleißig Tun,
auch mal ein Korn das lang vermisst
und wenn's nur am Kornspeicher ist.

Schlussfolgerung:
Ein Kornspeicher kann hilfreich sein,
wenn's blinde Huhn sucht ganz allein.

Schlaflos
   oder „Die blöden Schafe"

Der Schlaf soll senken sich auf mein Gemüt,
doch will er mich nicht recht umfassen,
ich wälz' mich hin und her und bin bemüht,
doch wollen die Gedanken mich nicht lassen.

Die Herde Schafe, die ich schon gezählt,
zu bringen mir den wohlverdienten Schlaf,
hat nicht geholfen, hab mich nur gequält,
so zähl ich weiter, einsam, müd' und brav.

Im Geist die nächste Herd' vorüberzieht,
ich denke bald, ihr blöden Schafe,
bis Leichtigkeit bevölkert mein Gemüt
und ich in Morpheus Armen endlich schlafe.

Freiherren-Schicksale

Der betrogene Freiherr
  oder „Die Liebesblindheit"

Herr Karl Freiherr von Fürstenhardt,
war sehr in die Marie vernarrt,
er zog sie vor den Traualtar,
das ist jetzt her ein halbes Jahr,
sie hat ganz schnell ihn ruiniert,
nun steht er da und ist blamiert.

Das Geld ist weg und auch das Schloss,
weshalb er die Marie erschoss,
im Knast nun hat er seine Ruh'
und ist sie los die blöde Kuh.

Schlussfolgerung:
Oft ist der, der sich ewig bindet,
vor lauter Liebe ganz erblindet.

Das Schwein

Herr Veit Freiherr von Kräuselbarth,
der war in jungen Jahren hart,
zu seinen Mägden, Knechten, Frauen,
er hat sie sehr oft arg verhauen,
deshalb ihn konnte niemand leiden
und keiner wollte bei ihm bleiben.

Schlussfolgerung:
Bist du im Leben oft ein Schwein,
so bleibst im Alter du allein.

Der Freiherr von Zwickezwack

Herr Franz Freiherr von Zwickezwack,
der trank sehr gerne Armagnac,
dann lief er oft im Frack zickzack
und wurde bald zu einem Wrack.

Als Wrack er konnte nicht mehr saufen
und alsbald wieder grad rumlaufen,
bis er auf's Neu' trank Armagnac,
der werte Herr von Zwickezwack.

Schlussfolgerun:
Nur weil der Name Zwickezwack,
sich sehr gut reimt auf Armagnac,
ist das kein Grund zu saufen,
bis man zickzack muss laufen.

Der arme Freiherr

Der Freiherr von der Mühlengart,
einst hatte auf ein Pferd gespart,
in all den vielen, langen Jahren,
konnt' er jedoch nur wenig sparen.

Drum hat es auch sehr lang gedauert,
was er letztendlich sehr bedauert,
dass er das Pferd erst jetzt konnt' kaufen,
es war für ihn zum Haareraufen.

Denn nun war er dafür zu alt
und konnte nicht mehr reiten halt,
da ihn der Ischias plagte sehr
und er nur humpelte umher.

Er kam nicht mehr auf's Pferd hinauf,
so ändert sich des Lebens Lauf.

Schlussfolgerung:
Oft hilft das lange Sparen kaum,
wenn's Alter dir vermiest den Traum.

Die Schicksalssymphonie
*oder „Nicht nur Romeo und Julia hatten
blöde Eltern"*

Herr Fritz Freiherr von Löhwenzahn,
hat der Verwandtschaft kundgetan,
dass er mit Fräulein von Schiffhausen,
in Bälde will nach Hause sausen,
um in der Schlosskapelle dann,
zu werden schnell ihr Ehemann.

Die Eltern haben's nicht gelitten,
da die Familien war'n zerstritten,
seit vielen, vielen langen Jahren,
die ganze Sache war verfahren,
wie einst bei Romeo und Julia,
die Liebe wurde zum Eklat.

Auch für den Fritz da gab's kein Hoffen,
deshalb war er ganz arg betroffen,
er weiterhin zuhause wohnte,
wo er sein Leiden schnell vertonte,
in eincr Schicksalssymphonie,
mit sehr viel Schmerz und Nostalgie.

Er hat sie seiner Maid verehrt,
jedoch hat sich ihr Leid vermehrt,
da die Musik sehr grausam klang
und tönte wie ein Wehgesang.

Das war zu viel für seine Holde,
deshalb sie nicht mehr leben wollte.

Sie sprang vom Schlossturm in die Tiefen,
mit allen seinen Liebesbriefen,
der Freiherr hat das sehr bedauert
und sich im Turme eingemauert,
so sind vereint sie jetzt im Tode,
zu Ende ist die Episode.

Hätt' Fritz öfters mal nachgeschlagen,
in seinen künstlerischen Tagen,
bei Beethoven und Berlioz,
sein Werk gelungen wär' famos.

Er hätte besser komponiert,
so manches wäre nicht passiert,
sie würden beide heut' noch leben
und dies' Gedicht mehr Freude geben.

Schlussfolgerung:
Bist du nicht mit Gounod verwandt
und fehlt dir die „Bellini-Hand",
hast von Prokofjew nie gehört,
warst nie von der Musik betört,
dann hättest du es sein gelassen,
dem Schicksal Töne zu verpassen.

Der Heiratsschwindler

Herr Claus Freiherr von Firlefanz,
der ging sehr gern' zum Café-Tanz,
um dort mit all' den edlen Damen,
ein Techtelmechtel anzubahnen.

So war er immer auf Strawanz,
mit sehr viel Schmäh und Eleganz,
die Damen ließen sich hoffieren,
im Cabrio auch gern chauffieren.

Doch leider war es nur geliehen,
die Damen hätten's ihm verziehen,
denn so ein freiherrlich' Gemahl,
das wär ja wohl die erste Wahl.

Ist doch ein Freiherr stets was Feines,
wenn dann noch kommt so etwas Kleines,
kann man ihn fester an sich binden,
die Liebe wird sich schon noch finden.

Er hat versprochen oft die Ehe
und dass er zu der Maid auch stehe,
doch schlich er sich sehr gern davon,
da er nur scharf auf den Mammon.

Zu allererst war's die Carola,
mit ihrer feinen Zobelstola,
die er im Pfandleihaus versetzte,
was die Carola nicht sehr schätzte.

Das zweite Opfer war die Lilly,
mit ihrem Zweikaräter Brilli,
den er bei Nacht und Nebel klaute,
als sie auf einem Lolly kaute.

Das nächste Opfer war Brunhilde,
sie war 'ne ganz besonders Wilde,
sie handelte mit Holz und Kohlen,
drum war bei ihr nicht viel zu holen.

Der Freiherr suchte neue Bräute
und hoffte so auf fette Beute,
es ist ihm öfters noch gelungen,
bis dann die Letzte ihn bezwungen.

Ihr Name war zwar Loreley,
doch kam sie von der Polizei
und hat Handschellen ihm verpasst,
nun sitzt für Jahre er im Knast.

Der Kurschatten

Ein Freiherr kam vor vielen Jahren,
mit einem affektiert' Gebaren,
zur Kur ins vornehme Davos,
er kam sich vor besonders groß.

Da man ihm nämlich hat erzählt,
dort nur verkehrt wer auserwählt,
von Gräfinnen bis Herzoginnen,
die dort mit ihrer Kur beginnen.

So legte er sich auf die Lauer,
die Lage zu erspäh'n genauer,
er wollt' kein Aufsehen erregen,
sich bloß 'nen Kurschatten zulegen.

Er suchte nach Kontakten täglich,
mühte sich stündlich ab unsäglich,
im Pool, am Golfplatz, an der Bar,
doch schienen die Kurschatten rar.

Keinen Erfolg er hatte leider,
doch suchte er noch immer weiter,
dann fand er schließlich einen Schatten,
geworfen auf die grünen Matten,
im Park durch Bäume und Rabatten.

Er war nur zweidimensional
und für den Freiherrn wurd's zur Qual,
das Suchen musste weitergeh'n,
er konnt' die Welt nicht mehr versteh'n.

Auch in den nächtlich langen Stunden,
hat keinen Schatten er gefunden,
jedoch hat er sich unterkühlt,
weshalb er sich dann schlecht gefühlt.

Er reiste ab ohne Kurschatten,
mit seinen Gliedern, seinen matten,
er wollte nur noch heim ins Bett
und musste nachts oft auf's Klosett.

Zuhause kam es dann heraus,
als er sich zog beim Doktor aus,
der seinen Brustkorb auskultierte,
dass er die Bronchien sich lädierte.

Das Röntgenbild bracht's an den Tag,
ein Schatten auf der Lunge lag,
doch diesen Schatten wollt' er nicht,
darauf war er nicht sehr erpicht.

Zwar war der Schatten von der Kur,
doch wollt' er einen andren nur,
in Form einer galanten Dame,
Kurschatten sollte sein ihr Name.

Der Freiherr als Möchtegerndichter

Herr Hans Freiherr von Blätterhain,
der saß in seinem Schloss allein,
bei einem guten Glase Wein
und blickte ziemlich traurig drein.

Er wollte was Besondres schaffen
und nicht nur putzen seine Waffen,
es sollte werden etwas Großes,
was Dauerhaftes und Famoses.

Er überlegte gar nicht lang,
denn er verspürte einen Drang,
Gedanken ganz schnell aufzuschreiben,
um sich die Zeit so zu vertreiben.

Er holte Feder und Papier,
begann auch gleich mit dem Geschmier
und reimte Zeil' um Zeile hin,
doch bracht's ihm keinen Lustgewinn.

Er ging in seine Bibliothek,
die lag gerade auf dem Weg,
er stöberte in den Regalen
und forschte nach in den Annalen.

Er suchte bei den großen Meistern,
die immer konnten schon begeistern,
wie Klopstock, Schiller und auch Goethe,
doch wurden größer seine Nöte.

Wie Schillers Glocke übertreffen
und Goethes „An den Mond" nachäffen,
wie sich mit diesen Meistern messen –,
drum musste er es schnell vergessen.

Ein zweiter Anlauf ging auch schief,
er laute Flüche dann ausrief,
beschimpfte sich als Dilettant
und warf die Feder an die Wand.

Dann er verbrannte sein Geschmier
und setzte sich an das Klavier,
er wollt' statt dichten komponieren,
begann auch gleich das Rumprobieren.

Doch war es nichts mit dem Andante,
da er nicht mal 'ne Note kannte,
so ging auch dieses in die Hose
und Hans bekam eine Psychose.

Schlussfolgerung
Kannst du nicht dichten, komponieren
und musst ständig nur rumprobieren,
putz lieber deine Waffen blank,
bevor du wirst vor Kummer krank.

Die Überraschung

Max-Karl Freiherr zu Hochburg-Leise,
kam viel zu früh von einer Reise,
nach Hause in sein altes Schloss,
was seine Olle sehr verdross,
sie wurd' von ihm im Bett erwischt,
was ihn jedoch nicht sehr erfrischt'.

Es lag nämlich ein fremder Mann,
ganz eng umschlungen an ihr dran,
da schwoll dem Freiherrn arg der Kamm,
er packte einen Eichenstamm
und hat den armen Mann verdroschen,
bis ihm das Lebenslicht erloschen.

Schlussfolgerung:
Willst deine Frau zu Haus' du überraschen,
so sollt' kein andrer an ihr naschen.

Die Familiensuche

Ein Freiherr namens Adelhardt,
der hatte sehr viel angespart,
er wollt' eine Familie gründen,
doch musste er 'ne Frau noch finden,
so suchte er, hat sich geschunden,
doch hat er keine Frau gefunden,
drum sitzt er heute noch allein
und blieb ein reiches, armes Schwein.

Schlussfolgerung:
Nicht unbedingt mit sehr viel Geld,
find'st du 'ne Frau die dir gefällt.

Kniearthrose ist gemein

Herr Hubert Freiherr von Baumgart,
wollt' kaufen eine Stadtmansard',
er hatte vor in sie zu zieh'n,
was riet ihm seine Maklerin.

Die Wohnung lag im siebten Stock,
es war für ihn ein großer Schock,
das Haus es hatte keinen Lift,
was war für die Gelenke Gift,
wenn seine Knie ihm versagen
und er muß über Schmerzen klagen,
denn Hubert hatte Kniearthrose,
deshalb der Kauf ging in die Hose.

Er musste diesen Deal absagen,
was ihm dann lag ganz schwer im Magen,
doch hätte er es nie geschafft,
den siebten Stock aus eigner Kraft,
denn nur 'ne Wohnung im Parterre,
erreicht er noch ohne Geplärr.

Schlussfolgerung:
Hast du ein Kniearthroseleiden,
so musst du die Mansarde meiden.

Der Umzug ins Seniorenheim

Der Horst Freiherr von Ziegenbart,
der war schon ziemlich hoch bejahrt,
es fiel so mancher Zahn ihm aus,
auch zwickte es jahrein, jahraus,
die Knochen wurden morsch und alt
und immer war es ihm zu kalt,
auch die Gelenke wurden steif,
er war fürs Altenheim jetzt reif.

Viel zu lang hat er gewartet,
ist mit dem Umzug nicht gestartet,
da er die Kosten immer scheute,
was er letztendlich doch bereute.

Dann zog er ins Seniorenheim,
dort war er nicht mehr ganz allein,
er hatte wieder Unterhaltung,
las auch die aktuelle Zeitung,
ihm war es nicht mehr bitterkalt,
er wurd' im Altenheim sehr alt.

Schlussfolgerung:
Willst du im Alter nicht einrosten,
dann scheue keine Umzugskosten,
der Umzug kann von Vorteil sein,
weil's schöner ist im Altenheim.

Der Freiherr und sein Ende

Herr Franz Freiherr von Hägelstatt,
der liebte nie die Gegenwart,
drum lebte er die meiste Zeit,
in seiner öd' Vergangenheit
und träumte nur so vor sich hin,
bis er verblich und von uns ging.

Schlussfolgerung:
Wenn du nur lebst im Past Perfect,
so wirfst du meist dein Leben weg.

Goethe-Variationen in vier Zeilen

Der eigene Herd

(Faust-Variation I)

Was nützt ein „braves" Weib und eigner Herd,
sie sind nicht Gold noch Perlen wert,
wenn's Weib mit diesen dann verschwindet
und der Gemahl zuhause nichts mehr findet.[1]

Schaumschläger

(Faust-Variation II)

Sie gerne viele Worte wechseln,
doch folgen derer Taten kaum,
von Volksvertreten und von Schwätzern,
sie sind nur Schläger von viel Schaum.[2]

Das überforderte Pflegeheim

(Faust-Variation III)

Von Zeit zu Zeit ich gern den Alten seh',
doch möcht' ich manchmal mit ihm brechen,
wenn schneiden soll ich ihm den eingewachs'nen
Zeh'
und dann noch für das Pflegeheim muss blechen.[3]

Famulus Wagner zum Hausarzt

(Faust-Variation IV)

Muß ich mit meinem Doktor wohl spazieren,
zum Ultraschall, zum MRT und sonst wohin
und will er mich dann auch noch auskultieren,
so ist dies weder ehrenvoll noch ein Gewinn.[4]

Der gut gezogene Hund

(Faust-Variation V)

Obwohl der Hund war gut gezogen,
biss er den weisen Mann ins Bein,
er war dem Hund nicht mehr gewogen,
da ihn befiel sehr große Pein.[5]

Der glückliche Affe

(Faust-Variation VI)

Wie glücklich kann der Affe sich doch schätzen,
dass ihn die Spielsucht nicht befällt,
er muß nicht nach dem schnöden Mammon hetzen,
auch ohne Geld die Welt ihm gut gefällt.[6]

Der siebte Tag

(Faust-Variation VII)

Wenn Gott sich erst sechs Tage plagt
und sich am Ende kritisch fragt,
warum so viel ist doch misslungen,
wär's nicht am siebten Tage besser wohl
gelungen?[7]

Der Magen der Kirche

(Faust-Variation VIII)

Der gute Magen von der Kirche,
hat nicht nur ganze Länder aufgefressen,
sondern auch viele Seelen gnadenlos zerstört,
die Nöte von den Menschen oft vergessen.[8]

Welche Äpfel

(Faust-Variation IX)

Die Äpfel hätt' er sehr begehrt,
doch hat die Schöne sich gewehrt,
da er nicht sagte, welchen er will frönen,
denen vom Baume – oder denen von der
Schönen.[9]

Goethe und das Lachen

(Faust-Variation X)

Ich hoff' das Lachen habt ihr euch nicht
abgewöhnt
und meine Lyrik bringt euch oft zum Lachen,
hab' euer Zwerchfell hoffentlich verwöhnt,
mit meinen lust'gen Sachen.[10]

Noch ein paar Vierzeiler
(mit Anhang)

Das kleine Reh I

Es war einmal ein kleines Reh,
das hatte starkes Zähneweh,
es hat zu viel am Eis gelutscht,
drum war der schöne Zahnschmelz futsch.

Und die Moral von der Geschicht':
Vergiss das Zähneputzen nicht!

Das kleine Reh II

Es war einmal ein kleines Reh,
das stand sehr lang im kalten Schnee,
da wurden seine Füße nass
und um die Nase war's ganz blass.

Und die Moral von der Geschicht':
Im Winter laufe barfuß nicht!

Die Raupe

Die Raupe auf dem Blatte saß,
war auf der Suche nach 'nem Fraß,
die Brille hatte sie vergessen,
drum fand sie lange nichts zu essen.

Und die Moral von der Geschicht':
Vergesse deine Brille nicht!

Der Frosch

Obwohl der Frosch sich hat geduckt,
wurd' er von einem Storch verschluckt,
hätt' er 'ne Tarnfarbe gehabt,
dann hätte er nicht ausgequakt.

Schlussfolgerung:
Da Frösch' keine Chamäleons sind,
so müssen's hüpfen halt geschwind.

Die Made im Herbst

Die Made in dem Apfel hauste,
der Herbststurm an dem Apfel zauste,
so dass er in die Tiefe sauste,
es dann im Kopf der Made brauste.

Schlussfolgerung:
Willst du im Herbst an Äpfeln nagen,
so solltest einen Helm du tragen.

Märchen-Varianten

Rapunzel

oder „Das geplatzte Date"

(Jede Ähnlichkeit mit dem Märchen der Gebrüder Grimm
ist rein zufällig, aber beabsichtigt)

Der werte Freiherr von der Bunsel,
der war verliebt in das Rapunzel,
sie wohnte oben in dem Turme,
bei jedem Wetter, auch bei Sturme.

Er wollte sie sehr gern besuchen,
hat auch gebacken einen Kuchen,
fürs Maidli mit dem Haar aus Gold,
er war gewogen ihr sehr hold.

Doch warn die Treppen derer viele,
deshalb kam er so nicht ans Ziele,
die Stiegen konnt' er nicht erklimmen,
was ihn doch sehr arg tat ergrimmen.

Er war der Jüngste auch nicht mehr,
sein Rheuma plagte ihn oft sehr,
drum rief nach oben er ganz schlapp,
ach lass doch schnell dein Haar herab.

Rapunzel konnt' nicht reagieren,
weil sie sich musste arg genieren,
der goldne Zopf ihr nämlich fehlte,
da Haarausfall sie sehr stark quälte.

So war's nichts mit dem Zopf als Leiter,
der Freiherr ging frustriert nun weiter,
musst seinen Kuchen selber essen,
das Tete á Tete ganz schnell vergessen.

Ein Seil wär doch gewesen fein,
dann müsst' sie leben nicht allein,
so sitzt Rapunzel auch noch heut',
einsam im Turme ohne Freud',

Schlussfolgerung:
Wünscht du dir einen langen Zopf,
so stört Alopezie am Kopf.

Schneewittchen und ihre Allergie
  oder „Allergien können auch lebensrettend sein"
(Jede Ähnlichkeit mit dem Märchen „Schneewittchen"
 der Gebrüder Grimm ist rein zufällig, aber beabsichtigt.)

Vor langer Zeit auf einem Schloss,
lebte Schneewittchen wunderschön,
was die Stiefmutter sehr verdross,
besonders morgens und bei Föhn.

Sie fragte ihren Spiegel oft,
wer wohl die Schönste sei im Land
und hat doch jedes Mal gehofft,
dass sie allein nur wird genannt.

Doch sprach der Spiegel stets dasselbe,
für die Stiefmutter war's ein Stuss,
drum dacht' sie, dass das Kind in Bälde,
für immer doch verschwinden muss.

Sie tat vor lauter Zorn erröten
und rief den Jäger flugs herbei,
er sollt' das Kind im Walde töten,
dem Jäger brach das Herz entzwei,
drum ließ am Leben er Schneewittchen,
schlug so der Stiefmutter ein Schnippchen.

Am nächsten Tag kam alles raus,
als sie den Spiegel neu befragte,
für die Stiefmutter war's ein Graus,
da ihr die Antwort nicht behagte.

Sie zu Schneewittchen mehrmals lief,
mit Gürtel, Kamm ging sie an's Werke,
doch ging auch diese Absicht schief,
da stets zur Stelle war'n die Zwerge.

Die Stiefmutter wurd' immer böser,
zerbrach sich weiter ihren Kopf,
ihr Vorhaben wurd' noch monströser
und packte es sofort beim Schopf.

Nachdem sie machte kurz ein Päuschen,
nahm sie besagten Apfel mit
und lief damit zum Zwergenhäuschen,
die ganze Sache war perfid.

Was die Stiefmutter nicht bedachte,
das Kind hatte 'ne Allergie,
drum das Schneewittchen sie auslachte,
durchkreuzte so die Perfidie.

Der Apfel wurde nicht gegessen,
was doch der Bösen nicht gefiel
und auch der Prinz musst' es vergessen,
kam beim Schneewittchen nicht ans Ziel.

Denn das Schneewittchen wohnt noch heute,
bei ihren kleinen sieben Zwergen,
zu ihrer aller großen Freude,
weit hinter den berühmten Bergen.

Die böse Stiefmutter stattdessen,
mit ihrem Apfel ging nach Haus'
und hat vor Frust ihn selbst gegessen,
so war's mit ihr dann endlich aus.

Der Prinz jedoch begann zu toben,
schaut' mit dem Ofenrohr ins Tal,
da es nichts wurd' mit dem Verloben,
ihm war dann alles piepegal.

Schneewittchen lebt noch heute munter,
der Prinz jedoch blieb Junggeselle,
das Märchen wurde immer bunter,
drum schließt es nun an dieser Stelle.

Rotkäppchen und der Herpes Zoster

(Jede Ähnlichkeit mit dem Märchen „Rotkäppchen"
 der Gebrüder Grimm ist rein zufällig, aber beabsichtigt.)

Rotkäppchens Mutter schickte sie,
mit Wein, mit Blumen und mit Kuchen,
gleich in die Dermatologie,
um ihre Oma zu besuchen.

Die Großmutter war sehr malad,
sie hatte nämlich Gürtelrose,
so haben wir nun den Salat,
das Märchen geht jetzt in die Hose.

Da sie nicht mehr zuhause war,
in ihrem Haus bei Wolf und Jäger,
so wird's dem Leser sonnenklar,
dass die Geschicht' wird immer schräger.

Der arme Wolf war am Verzagen,
da er sie konnte nicht mehr fressen,
der Jäger konnte ihn nicht jagen,
und musst' den Wolf ganz schnell vergessen.

Drum sollt' die Oma es vermeiden,
mit Viren sich zu infizieren,
damit das Märchen nicht muss leiden
und Kinder können wieder jubilieren.

Wenn Rotkäppchen und ihre Oma,
vom Jäger werden schnell befreit
und alle rufen laut „Hurra!“,
weil's Märchen wieder ist all right.

Die Froschprinzessin
 oder „Der Froschkönig einmal andersherum"
(Jede Ähnlichkeit mit dem Märchen „Der Froschkönig"
 der Gebrüder Grimm ist rein zufällig, aber beabsichtigt.)

Vor langer Zeit am Brunnen saß,
die Froschprinzessin Karolin,
sie einen güldnen Apfel aß
und träumte still so vor sich hin.

Sie wünschte sich 'nen Frosch-König,
der kommen sollte und sie frei'n,
ihr Apfel fiel – welch' Missgeschick,
in den besagten Brunnen rein.

Die Karolin war ganz schön sauer,
doch kam ein Prinz vorbei – welch' Glück,
er stieg über die Brunnenmauer
und bracht' den Apfel ihr zurück.

Als Lohn wollt' er das Fröschelein,
zu seiner angetrauten Frau,
doch Karolin fand's gar nicht fein,
sie ärgerte sich grün und blau.

Der Prinz war ganz besonders hässlich,
mit wenig guten Geistesgaben,
sie fand ihn sehr abscheulich – grässlich
und wollte ihn partout nicht haben.

Sie warf ihn in die Brunnenquelle,
zurück vor Wut, mit viel Geschrei,
der Prinz verschwand – an seine Stelle,
da trat ein Froschkönig herbei.

Er seine Froschprinzessin brachte,
zu sich nach Hause in sein Reich,
was er jedoch nicht recht bedachte,
die Brüder Grimm wurden ganz bleich.

Da ihr bekanntes altes Märchen,
so wurde auf den Kopf gestellt,
mit diesem froschköniglich Pärchen,
was beiden Grimms wohl nicht gefällt.

Sie werden's mir bestimmt vergeben,
wenn ich mir manchmal muss was borgen,
will alles mit Humor beleben,
um so für Heiterkeit zu sorgen.

Die Loreley
oder „Das falsche Navi"

Bei Bacharach am schönen Rhein,
da saß auf einem kühlen Stein,
'ne blonde Maid so ganz allein,
mit güld'nem Haare ach so fein.

Als Loreley wurd' sie bekannt,
mit langem Haar ganz imposant,
sie saß herum doch Jahr um Jahr
und kämmte ständig nur ihr Haar.

Die Langeweile quälte sehr
und nicht einmal der Schiffsverkehr,
der auf dem Rheine ständig schwamm,
entlockte ihr den feinen Kamm.

Sie ständig immer weiter kämmte,
bis irgendwann die Haarpracht klemmte,
sich fest in ihrem Kammgerät,
die Stimmung deshalb sich gedreht
und Loreley das Kämmen ließ,
sie sang jetzt lieber das und dies.

Die holde Stimme super klang,
wie der Sirenen Wundersang.

Sie lockte viele Schiffer an,
auf einmal war'n die ganz schlecht dran,
sie nicht mehr auf ihr Navi schauten
und nur noch dem Gesang vertrauten,
deshalb sie rammten Lores Felsen,
mussten sich in den Fluten wälzen,
da ihre Schiffe war'n gesunken,
letztendlich sind sie dann ertrunken.

Doch ging die Chose immer weiter
und für die Schifffahrt war's nicht heiter,
das nächste Schiff am Fels zerschellte,
doch sang sie weiter, dass in Bälde,
der nächste Schiffer und sein Schiff,
zerbarst' an Lores Felsenriff.

Schlussfolgerung:
Hätt' Lore kurzes Haar gehabt,
oder gewesen mehr begabt,
im Kämmen ihrer Haarespracht,
hätt' nicht an's Singen dann gedacht,
so mancher Seemann würd' noch leben
und Seemannsgarn gern von sich geben.

Die Rentnerband

oder „Bremens Stadt-Musikanten"

(Jede Ähnlichkeit mit dem Märchen
„Die Bremer Stadtmusikanten"
der Gebrüder Grimm ist rein zufällig, aber beabsichtigt.)

Es wohnte einst ein alter Esel,
auf einem Bauernhof in Wesel,
das Futter wurde ihm entzogen,
er wurd' um's Altenteil betrogen,
drum wollt' er ziehen schnell nach Bremen,
im Altenheim 'ne Wohnung nehmen.

Die Laute aus vergang'nen Tagen,
tat er auf seinem Rücken tragen,
da er Konzerte wollte geben,
im Altenheim – war sein Bestreben.

Auf seinem weiten Weg nach Bremen,
konnt' er ein laut' Geräusch vernehmen,
am Wegesrand da saß ein Tier,
das spielte dort mit groß Pläsier.

Es war der Jagdhund namens Bello,
der spielte auf dem alten Cello,
das er vom Herrchen mitgenommen,
nachdem Arthrose es bekommen,
in den Gelenken und den Händen,
die Schmerzen wollten gar nicht enden,
drum konnt's den Bogen nicht gut halten
und keine Töne mehr gestalten.

Der Esel und der Jagdhund Bello,
marschierten weiter picobello,
in Richtung Bremen immer weiter
und diskutierten froh und heiter.

Da hörten sie auf einmal Laute,
von einer Katze, die miaute,
es war die Katze Maunz, die Nette,
die spielte sehr gut Klarinette,
auch liebte sie das Spiel der Bratsche,
besonders gern wenn's war „vivace".

Sie gingen weiter jetzt zu dritt,
mit flott beschwingtem Sauseschritt
und fanden dann am Wegesrand,
'nen Hahn – gekleidet elegant.

Der Hahn mit Namen Cicero,
sang Arien gern mal ebenso,
das hohe C war ihm nicht fremd,
er schmetterte es ungehemmt,
hinaus in Gottes weite Flur,
beherrschte jede Partitur.

Die andern Drei fanden das toll
und waren auch des Lobes voll,
der Hahn er sollte mitmarschieren,
damit zu viert sie musizieren,
im Altenheim als Rentnerband,
wohin sie gingen justament.

Sie kamen an beim Altenheim,
sogleich zu viert und checkten ein,
sie spielten auf mit einem Blues,
fürs Heim waren es schöne News.

Sie spielten täglich munter auf
und alle waren sehr gut drauf,
die Insassen das Tanzbein schwangen,
so mancher Knieschmerz war vergangen.

Jetzt war doch endlich etwas los
und auch der letzte Trauerkloß,
bekam 'nen neuen Lebensmut,
da ihm die Band tat super gut.

Die Musiker beliebt war'n sehr
und alle wollten immer mehr,
vom Rock 'n' Roll und Walzerschritt,
bei Kuchen und Bananensplit,
im Altenheim ging's immer rund
und alle blieben kerngesund.

Und wenn die Spieler dieser Band,
noch immer spielen ungehemmt,
dann sind sie alle noch am Leben,
haben den Löffel noch nicht abgegeben.

„Homophone und Homographen als Vierzeiler"

Am Ende kommt die Ente

In mancher Zeitung kommt es vor,
dass das Artikel-Ende,
wenn sich die Wahrheit ganz verlor,
dann schnell mal wurd' zur Ente.

Blüten

Im Frühjahr blühen viele Blüten
und bilden so ein Blütenmeer,
im Knast da kleben Viele Tüten,
die Blüten brachten in Verkehr.

Noten

Noten braucht nicht nur der Sänger,
auch der Lehrer sie sehr liebt,
hat der Schüler einen Hänger,
es dann schlechte Noten gibt.

Mütter

Die Mutter auf der Schraube sitzt,
um diese zu fixieren,
die Mutter in der Küche schwitzt,
beim Kochen und Frittieren.

Federn

Federn füllen nicht nur Kissen,
sie kommen auch im Auto vor,
jedoch wird man sie dort vermissen,
wenn es uns fehlt am Fahrkomfort.

Der leerende Lehrer

Der Lehrer in der Schule lehrt,
den Kindern Deutsch und Mathe,
wenn abends er 'ne Flasche leert,
stürzt er oft auf die Matte.

Die Wurzel

Der Lehrer zieht die Wurzel,
gerne aus dem Quadrat,
zieht ihm der Zahnarzt eine Wurzel,
dann hat er den Salat.

Der Einheitskreis

Den Einheitskreis – den braucht man in der Schule halt,
um Formeln und Funktionen abzuleiten,
wenn's im Seniorenheim wird kalt,
kommt schnell der Einheiz-Greis, um Wärme zu bereiten.

Sechs ist nicht gleich Sex

Der Lehrer mit dem Namen Rex,
verteilt auch mal die Note Sechs,
bei einer schlechten Bio-Ex,
wenn Schüler träumen nur von Sex.

Der Hungerleider

In der Mühle mahlt der Müller,
Korn für unser täglich' Brot,
im Atelier da malt der Künstler
und leidet oft an Hungersnot.

Der verärgerte Nikolaus

Der Nikolaus auf seiner Route,
bemerkte, dass ihm fehlt' die Rute,
er ritt nach Haus' auf seiner Stute
und zog verärgert eine Schnute.

Der Größte

So manch einer besitzt zwei Villen
und hält sich für den Größten,
ein andrer hat nur einen Willen
und muß sich damit trösten.

Die Schnapsboutiquen

Mein Paps der geht gern einen heben
und kennt im Ort die ganzen Pubs,
drum hat Mama ihn aufgegeben,
jetzt liebt er nur noch seinen Schnaps.

Der frierende Inuit

Der Inuit braucht viele Felle,
damit er nicht muss frieren,
der Lehrer der braucht nur vier Fälle,
in Deutsch zum Deklinieren.

Der Lehrling

Der Lehrling, der geht in die Lehre
und soll vergrößern stets sein Wissen,
doch manchmal geht's auch nur ins Leere,
wenn er's am Wollen lässt vermissen.

Der wilde Hengst

Sitzt du auf einem wilden Hengst
und kannst ihn nicht recht zähmen,
wenn du dann über'm Zaun noch hängst,
so solltest du dich schämen.

Die Bank

Der Banker der sitzt in der Bank,
muss sich ums Geld nicht sorgen,
ein andrer der schläft auf der Bank,
muss laufend sich was borgen.

Der Reinfall mit dem Rheinfall
oder „Auch der Rhein leidet unter der
Klimaerwärmung"

Der Rheinfall von Schaffhausen,
der wollte nicht mehr brausen,
ihm fehlte es am kühlen Nass,
so wurd's ein Reinfall und kein Spaß.

Laster ist nicht gleich Laster

So mancher der fährt einen Laster
und kann damit verdienen Geld,
ein andrer der hat viele Laster,
was manchen Leuten nicht gefällt.

Der Kelte im Winter

Ein Kelte saß im weißen Schnee
und zitterte vor Kälte,
er fror und fror oh jemine,
was ihm sein Dasein sehr vergällte.

Die Seemannsbraut

Der Seemann der stand an der Küste
und wartete auf seine Braut,
sie kam – er sie sodann gleich küsste,
sonst hätte sie ihn arg verhaut.

Lerchen-Gezwitscher

In den Lärchen singen Lerchen,
zwitschern ihren Vogelsang,
oft auch singen gerne Pärchen,
haben einen schönen Klang.

Vetter und Cousinen

Aus Dingsda kam der olle Vetter
und fraß sich durch bei den Cousinen,
drum wurde er auch immer fetter,
da er nur ständig aß Pralinen.

Vinum lac senum

Wein ist die Milch der Greise,
so dacht für sich der Greis ganz leise,
wurd' ganz schön blau auf diese Weise,
jetzt läuft er nur noch leis' im Kreise.

Die Märe von der Mähre

Die alte klapprige Mähre,
erzählt immer noch die Märe,
dass sie einst war eine tolle Stute,
vielleicht stimmts ja doch, wie ich vermute.

Das Vieh kennt bestimmt kein Phi

Der Bauer hütet gern sein Vieh,
auf einer grünen Wiese,
der Grieche der liebt auch sein Phi
und auch die Anneliese.

Die Mailbox

Aus der Mailbox meines Handys,
kriechen oft nur dumme Sprüche,
Mehlwürmer hingegen kriechen,
aus der Mehlbox meiner Küche.

NACHLESE

Hero und Leander

oder „Die andere Todesursache von Leander"

(in Anlehnung an Heinz Erhardt)

Die Hero liebte den Leander,
drum kochte sie sehr gerne Zander,
für ihren kühnen, stolzen Helden,
er sollte sich bald wieder melden,
bei ihr, um fürstlich dort zu speisen
und seine Liebe ihr beweisen.

Sie rief ihn an, dass er bald komme,
es war für sie die größte Wonne,
als er vor ihrer Türe stand,
mit Blumen und im Festgewand.

Sie ließ ihn ein in ihr Gemach,
vor Freud' in Tränen sie ausbrach,
sie tischte auf den köstlich' Fisch,
auf ihrem schön geschmückten Tisch,
es war Leanders Lieblingsessen,
drum war er sehr darauf versessen,
alles alleine aufzuessen.

Doch dem Leander wurde schlecht,
er musste heim, ihm war's nicht recht,
er machte sich schnell auf die Socken,
noch war die Kleidung völlig trocken.

Er ging in Richtung Meeresenge,
es zog sich alles in die Länge,
er dann durchschwamm den Hellespont,
auf einmal er jetzt nicht mehr konnt',
die Kräfte ihn ganz schnell verließen
und ihm sein Vorhaben verdrießten.

Er in die dunklen Tiefen sank,
denn er war plötzlich sterbenskrank,
die nasse Kleidung zog nach unten,
so nach und nach ist er ertrunken,
er hörte kurz noch Meergebraus,
dann hauchte er sein Leben aus.

Zu guter Letzt der Leser fragt,
was den Leander unbehagt',
so war es doch der Zander nicht,
den Hero ihm hatt' aufgetischt,
denn sie war völlig ahnungslos,
als in dem Fischgeschäft von Sestos,
ein Kugelfisch ihr angedreht,
Leanders Leben so verweht.

Schlussfolgerung:
Hast keine Ahnung du von Fischen,
dann solltest du sie nicht auftischen.

Der Blindfuchs

oder „ Welche Wahrheit ist die richtige? "

Ein Fuchs spazierte durch den Wald
und dachte nicht an Blei,
er war schon ziemlich blind und alt,
am Hochsitz schlich vorbei.

Dort saß der Förster Willi Dux,
mit seinem Schießgewehr,
er zielte auf den armen Fuchs,
doch traf er ihn nicht mehr.

Da seine Augen war'n sehr schlecht,
er war fast völlig blind,
traf er nur noch mehr schlecht als recht,
mit seiner alten Flint'.

Er zielte an dem Fuchs vorbei
und traf das falsche Ziel,
er hörte lautes Jaulgeschrei,
sein Blindenhund umfiel.

So hatte Meister Reinecke,
doch noch einmal viel Glück,
der Hund jedoch blieb auf der Strecke,
Herr Dux fand nicht zurück.

Denn ohne seinen Blindenhund,
er völlig hilflos war,
umherirrt wie ein Vagabund,
die Not war offenbar.

Zum Glück des Försters kam der Fuchs,
nochmals bei ihm vorbei,
was sehr erfreute den Herrn Dux,
er rief den Fuchs herbei.

Er fragte ihn ganz schnell sodann
und völlig frei heraus,
ob er ihn wohl begleiten kann,
zu seinem Försterhaus.

Jetzt führt der blinde alte Fuchs,
den blinden Jägersmann,
ohne zu machen einen Mucks –,
ein blindes Zwiegespann.

Bei allem Ernst ich frag euch jetzt,
wer hier der Blindfuchs war,
die Wahrheit doch zu guter Letzt,
nicht immer ist ganz klar.

Adam und Eva – Die andere Geschichte
oder „War es wirklich so?"

Die Eva und der Adam saßen,
in Edens schönem Garten,
sie immer Feigenobst nur aßen
und wollten nicht mehr warten,
auf andre gute Köstlichkeiten,
die ihnen vorenthalten,
sie wollten selbst was zubereiten,
ihr Dasein frei gestalten.

Denn Adam wollte Apfelkuchen
und nicht nur ständig Feigen,
doch musste er erst Äpfel suchen
und auf den Baume steigen.

Im Paradies die Leiter fehlte,
er war barfuß zugange,
die Äst' er mühsam sich hochquälte,
es wurd' ihm langsam bange.

Nachdem die Füß` war'n ramponiert,
er konnte nicht mehr weiter,
drum ist nach unten er marschiert
und fand das gar nicht heiter.

Er kam zurück auf Edens Boden
und ließ das Apfelpflücken,
denn eigentlich war's ja verboten,
den Apfel zu verdrücken.

Der Adam der war sehr frustriert,
's gab keinen Apfelkuchen,
hat sich vor Eva recht geniert
und konnte nur noch fluchen.

Am unt'ren Ast ein Apfel hing,
den Adam nicht erblickte,
die Eva zu dem Baum jetzt ging
und ihn ganz schnell abpflückte.

Sie reichte ihn ihrem Gemahl,
es war verbot'ne Beute,
er biss hinein doch allemal,
was ihn jetzt sehr erfreute.

Jedoch die Freud' war nicht von Dauer,
der Herrgott war jetzt ganz schön sauer,
vorbei wars mit der „Happy Hour",
im Paradies war große Trauer,
sie mussten machen sich vom Acker,
im Garten gabs ein groß Gegacker.

Der Wunsch des Adams,
einen Apfelkuchen zu verspeisen,
ließ Eva entgleisen
und einen Apfel vom Baume der Erkenntnis
reißen.

Schlussfolgerung:
Der Adam war der Bösewicht,
er wollte Apfelkuchen,
so tat das kirchlich’ Strafgericht,
die Falsche stets verfluchen.

Das Orchester
  oder „Die fehlende 2. Zugabe"

Aufgereiht auf hoher Bühne,
stehet Stuhl für Stuhl parat,
der Notenwart, er ist ein Hüne,
er kontrolliert sein Resultat.

Ob die Noten recht verteilet,
die Beleuchtung funktioniert,
er noch durch die Reihen eilet,
alles nochmals inspiziert.

Der Konzertsaal langsam füllet,
sich mit Gästen elegant,
die in Mode fein gehüllet,
alle sind vergnügt, charmant.

Warten bis die Künstler kommen,
die begrüßt dann mit Applaus,
fühlen sich so recht willkommen,
hier in diesem Musenhaus.

Dann die erste Geige anstimmt,
mit Bedacht den Kammerton,
jeder einzeln ihn dann aufnimmt,
alles ohne Metronom.

Wenn der Ton nun wird vernehmbar
und den Saal mit Klang erfüllt,
eine Stimmung dann erkennbar,
alles musisch eingehüllt.

Ist der Ton schließlich verklungen
und der Dirigent tritt ein,
kommt Applaus ganz ungezwungen,
er begrüßt das Mägdelein,
das die erste Geige fiedelt,
mit Handkuss ganz ungeniert,
alle Münder sind versiegelt,
warten bis er dirigiert.

Er nun wird den Einsatz geben,
alle Künstler setzen an
und der Geigen Töne schweben,
zieh'n die erste Notenbahn.

Nach und nach die Instrumente,
setzen ein wie es geprobt,
musizieren bis zum Ende
und das Publikum es tobt.

Wollen alle noch was hören
und die Zugabe sie kommt,
wird die Zuhörer betören,
neuer Applaus folget prompt.

Möchten weitere Zugaben,
doch die Musiker erschöpft,
ihren Kragen jetzt voll haben,
sind auf einmal zugeknöpft.

Packen ein die Instrumente
und verlassen dann das Haus,
eil'n von dannen ganz behende,
denn die Vorstellung ist aus.

Doch die Gäste sind empöret,
zieh'n von dannen ebenfalls,
so etwas sich nicht gehöret,
haben einen dicken Hals.

Schimpfen auf das Staatsorchester,
so gut war es wirklich nicht,
allerhöchstens nur Zweitbester,
das Gedudel mehr als schlicht.

Und so müssen wir erkennen,
dass die Stimmung sich oft dreht,
wenn die Musiker wegrennen,
die zuvor mit Lob umweht.

Das Tanzcafé

oder „Warum es dieses nicht mehr gibt"

In einem schönen Tanzcafé,
es ist schon lange her,
dies gibt es nicht mehr, ach oje,
man tanzte dort leger.

Die Tanzkapelle spielte auf,
das Tanzbein es schwang mit,
die Gäste waren super drauf,
bei flottem Sauseschritt.

Jedoch kam es auch öfters vor,
bei ungeschicktem Tritt,
der Tänzer die Balance verlor,
die Tänzerin dann litt.

Da er ihr auf das Füßchen trat,
mit seinem Schwergewicht,
so hatte sie nun den Salat,
sie hatte nämlich Gicht.

Das fand das Füßchen gar nicht fein,
die Zehe schwoll sehr an,
die Maid sie wollte lieber heim,
weg von dem Grobian.

Beim nächsten Pärchen kam es vor,
der Tänzer korpulent,
dass die Besinnung sie verlor,
Ausdünstung vehement,
die immerfort er von sich gab,
es war kein Halten mehr,
er lief davon sehr schnell im Trab
und atmete ganz schwer.

Es hat sich dann so nach und nach,
das Tanzcafé gelehrt,
die Tanzfläche sie liegt jetzt brach,
da alle sich beschwert.

Die Zustände in dem Café,
sie waren schlicht skurril,
die Ohnmacht und der Gichtenzeh',
das war einfach zu viel.

Und dann noch des Körpers Dünste,
die verteilten sich im Raum,
lähmten schnell der Tänzer Künste,
alles war zu fassen kaum.

Vielleicht ist dies ja auch der Grund,
dass Tanzcafés heut' fehlen
und auch der ganze Tänzerschwund,
läßt sich nicht mehr verhehlen.

Willst du genießen deinen Kuchen,
mit Tanzmusik gesegnet,
so musst du oft sehr lange suchen,
bis dir ein Tanzcafé begegnet.

Drum müssen wir in heut'ger Zeit,
mit Stehcafés nun leben,
da Tanzcafés sind ja so weit,
verhüllt von Spinnenweben.

Der Maler und seine Muse

Der Maler vor der Leinwand steht,
den Pinsel in der Hand,
durchs Atelier die Muse weht,
sie ist ihm wohl bekannt.

Sie kommet oft zu ihm herein
und küsst ihn auf die Stirn,
er ist dann nicht mehr ganz allein,
sie inspiriert sein Hirn.

Welch' Bild er heut' wohl malen mag,
er weiß es nicht genau,
an diesem wunderschönen Tag,
vielleicht wird's eine Frau.

Doch ist die Muse unsichtbar,
es fehlt ihm ein Modell,
das wird ihm plötzlich sonnenklar,
er eilt davon recht schnell.

Er sucht und findet keine Frau,
so sehr er sich auch müht,
vielleicht macht er heut' lieber blau,
geht morgen zum Gestüt.

Dort hätt' er die Gelegenheit,
ein Pferd zu portraitieren,
doch gibt es eine Schwierigkeit,
wie soll er's transportieren.

So muss er diese Möglichkeit,
auch wieder schnell vergessen,
vielleicht soll's werden doch die Maid,
er überlegt stattdessen,
welche Ideen er noch hat,
die Leinwand zu beschmieren,
doch hat er es bald selber satt,
das ständig' Rumprobieren.

Was hilft die schönste Muse dir,
wenn die Modelle fehlen
und du herumirrst dort und hier
und musst dich ständig quälen.

Der Kammer-Sänger im Hochsommer
oder „Der Konzertsaal ohne Klimaanlage"

Nun steht er voller Eleganz,
im Frack und gut geschminket,
ausstrahlend einen musisch' Glanz,
Applaus in Bälde winket.

Er blickt zum Pianisten vor,
den Einsatz er jetzt gebend
und bald schon dringt ein Ton ans Ohr,
der Brustkorb zeigt sich bebend.

In seinen Händen hält er fest,
ein weißes Tüchlein fein,
den nächsten Ton er eifrig presst,
ins Publikum hinein.

Die Töne wollen enden kaum,
erklimmen die Tonleiter
und auch die Hitze in dem Raum,
sie steiget munter weiter.

Der Sänger presst in einem fort,
gequält die Töne raus,
für's Zwerchfell ist's ein Megasport,
wann ist dies Singen aus.

Des Sängers Perlen auf der Stirn,
sie werden immer mehr,
er abtupft mit dem weißen Zwirn
und wünscht sich Kühle her.

Das Publikum es sitzt gequält,
auf Stühlen hart und schmal,
es ständig die Minuten zählt,
wann ist vorbei die Qual.

Die Hitze unerträglich wird,
dann noch die harten Stühle,
das Publikum langsam verwirrt,
sehnt sich nach frischer Kühle.

Am Ende dieser Matinée,
der Sänger eilt geschwind,
in seine Kammer ach juchhe,
hier weht ein frischer Wind.

Die Kammer ist ein kühler Ort,
hier kann er sich erholen
und deshalb lieber singen dort,
die Hitz' bleibt ihm gestohlen.

Jetzt weiß ich auch warum es heißt,
verehrter Kammer-Sänger,
er in der Kammer übt zumeist
und kann hier singen länger.

Der Heldentenor oben ohne

Im Frack er auf der Bühne steht,
mit Schlips und guter Miene,
sein Haar ist musisch fein umweht,
es glänzt von Brillantine.

Er mimt den Helden immer gern,
heut' auch einmal mit Bart
und das Malheur es ist nicht fern,
die Stimm' beginnt ganz zart.

Auf seiner Oberlippe klebt,
ein Schnurrbart feinster Sorte,
beim Singen dieser ständig bebt,
will weg von diesem Orte.

Der Sänger dies noch nicht bemerkt,
drum singt er munter weiter,
die Stimme sich noch mehr verstärkt,
auf der Oktavenleiter.

Er holt tief Luft, dann ist's passiert,
der Leim hat nicht gehalten,
der Schnurrbart in den Hals spaziert,
aus ist's mit dem Gestalten,
von reinen Tönen feinster Art,
es kommt nur noch ein Krächzen,
die Stimmbänder jetzt ganz malad,
vernehmbar nur ein Ächzen.

Der Schnurrbart fest im Halse steckt,
will sich nicht fortbewegen
und Panik in dem Sänger weckt,
er ist völlig verlegen.

Sodann er von der Bühne stürzt
und rennt zur Garderobiere,
dass sie sein Leiden ihm verkürzt,
befreit von der Misere.

Sie holt mit der Pinzette dann,
den Schnurrbart aus dem Rachen,
so dass der arg gequälte Mann,
erleichtert nun kann lachen.

Der Sänger ganz auf neue Art,
singt nur noch oben ohne,
ohne den Oberlippenbart,
es juckt ihn keine Bohne,
dass seine Heldenrollen nun,
ohne Bart aufgeführet,
die Hauptsach' dass er durch sein Tun,
im Halse nichts mehr spüret.

Kennst du den Ort wo die Zitronen niemals blüh'n

oder „Ein Örtchen-Gedicht"

(Es muss nicht immer Goethe sein)

Kennst du den Ort …,
den man auch Örtchen nennt,
wo man die Zeitung liest,
zu dem man auch mal rennt.

Kennst du den Ort …,
wo man kann rauchen heimlich
und Düfte wohnen dort,
die manchmal sind auch peinlich.

Kennst du den Ort …,
wo immer nötig ist Papier
und du es sehr vermisst,
wenn es ist mal nicht hier.

Kennst du den Ort …,
der manchmal ist besetzt,
besonders wenn du's eilig hast
und bist ganz abgehetzt.

Kennst du den Ort …,
der oftmals ist nicht zu erreichen,
den man dann suchen muss
und Nöte dich beschleichen.

Kennst du den Ort …,
wo die Zitronen niemals blüh'n,
so mancher sitzt
und muss sich sehr abmüh'n.

Kennst du den Ort …,
wo's manchmal trotzdem duftet nach Zitronen,
wenn's Bäumchen in der Schüssel hängt,
um deine Nase so zu schonen.

Kennst du den Ort …,
ich weiß nicht wo sie blühen die Zitronen,
war niemals in der Ferne – dort,
kenn nur die Wirkung von den Bohnen.

Der Zirkus nach dem Zirkus

Im Zirkus gibt es viel zu sehen,
vom Löwen bis zum Elefanten,
drum wollen Kinder dorthin gehen,
mit Omas und mit alten Tanten.

Auch gibt es schöngestreifte Tiger
und Clowns die auf den Pferden sitzen,
Artistinnen mit engem Mieder,
die auf dem Drahtseil ganz schön schwitzen.

Zur Pause gibt es Zuckerstängel,
in allen Größen, allen Farben,
der kleine Peter – Lausebengel,
kann nicht genug von diesen haben.

Dann geht es im Programm schon weiter,
mit Hundenummern und Jongleuren,
mit mancher Show recht schrill und heiter,
die so das Publikum betören.

Wenn die Vorstellung ist zu Ende,
das Publikum geht brav nachhause,
jedoch der Peter will behände,
noch eine süße Himbeerbrause.

Auch er ist irgendwann zuhause,
jedoch ist's ihm entsetzlich übel
und das Zuckerstängelgeschmause,
landet sehr schnell in einem Kübel.

So hat der Peter nochmals Zirkus
und zwar zuhaus' auf andre Weise,
da er erneut sich übergeben muss,
wegen der Zuckerstängelspeise.

Und die Moral von der Geschicht':
Iss nie zu viel von Zuckerstängeln nicht!

Das Highland Cattle in der Corona-Krise

Ich war einmal ein schönes Rind,
ein ganz besonders liebes Kind,
ging brav und oft zum Kuh-Frisör,
es fiel mir meistens nicht sehr schwer.

War immer gut und fein frisiert,
hab mich auf keinen Fall geniert,
auch wurd' ich niemals ausgelacht,
das Leben hat mir Spaß gemacht.

Doch eines Tages ist's passiert,
ein Virus kam ganz ungeniert,
verbreitete sich schnell und dreist,
hat auch uns Rinder eingekreist.

Tabu war jetzt der Coiffeur
und so begann dann mein Malheur,
denn meine Mähne wurde lang,
es fehlte zum Frisör der Gang,
die Mähne wurde immer länger,
sah aus jetzt wie ein Hippie-Sänger.

Nun werde ich oft ausgelacht,
ob meiner Zottelhaarespracht,
dabei steht sie mir doch recht gut,
brauch' nicht mal einen Sonnenhut.

Könnt' mich an die Frisur gewöhnen,
muss ab und zu halt auch mal föhnen
und brauche den Frisör nicht mehr,
was manchmal lästig war bisher.

Auch wenn Corona ist besiegt,
mir nichts mehr am Frisör jetzt liegt,
auch nicht mehr in den nächsten Jahren
und kann dabei viel Geld mir sparen.

Nicht jeder kann Orpheus

Wie Orpheus hätt' ich gern gesungen,
hab versucht es immer wieder,
doch es ist mir nicht gelungen,
da anders tönten meine Lieder.

Keine Bäume sanft sich neigten,
um zu hören mein Geschmetter,
kein Verständnis sie mir zeigten,
warfen lieber ab die Blätter.

Keine wilden Tiere lagen,
mir zu Füßen sanft und zahm,
fühlten nur ein Unbehagen,
da mein Gesang war wundersam.

Auch verstummten keine Meere,
Winde bliesen munter fort,
wenn ich sang ins Weite, Leere,
unaufhörlich, immerfort.

Doch den Fels bracht ich zum Weinen,
da er hörte den Gesang,
ob der schlechten Liederreime
und dann noch der schwache Klang.

Und so hab ich's aufgegeben,
mit dem Singen orpheusgleich,
will jetzt nach der Lyrik streben,
in des Dichters Reimesreich.

Die Stimme aus der Unterwelt

Unterhalb der schweren Bretter,
die die große Welt bedeuten,
sitzt sie auch bei Regenwetter
und wenn Kirchenglocken läuten.

Immer muss sie sein zugegen,
wenn die Künstler rezitieren
und wenn werden sie verlegen,
weil sie ihren Text verlieren.

Wenn sie auf der Bühne stehen
und ihr Hirn ist ohne Wissen,
wenn sie keinen Ausweg sehen
und sie ihren Part vermissen.

Hoffen sie auf Wunderzeichen,
die von unten aus dem Kasten,
flüsterleis' nach oben schleichen
und des Mimen Hirn entlasten.

Denn der Künstler dann ganz plötzlich,
kann den Text jetzt wiedergeben
und sein Tun ist doch ergötzlich,
was auch war sein fest' Bestreben.

Doch man stellt sich jetzt die Frage,
wer da spricht aus tiefem Grunde
und den Text fördert zutage,
ist's vielleicht die Rosamunde?

Nun ihr wisst schon wen ich meine,
sie ist weiblich und nicht dumm,
sitzt da unten ganz alleine
und kennt auch das Künstlertum.

Denn ihr Name ist Souffleuse
und am Ende geht sie heim,
schmeißt zuhaus' an die Fritteuse,
trinkt dann eine Flasche Wein.

Und so kann es doch gelingen,
dass auch aus der Unterwelt,
Gutes kann nach oben dringen,
wenn die Souffleus' die Stellung hält.

Vom Adonis zum Bacchus

Ist der Mann in jungen Jahren,
fit, agil und aufgeweckt,
zeigt ein sonniges Gebaren
und bewegt sich noch perfekt.

Geht er gern ins Fitness-Center
und trainiert die Muskeln fein,
wird er schnell zum Frauenblender,
denk noch wenig an den Wein.

Nach und nach er wird erstarken
und die Muskeln nehmen zu,
schluckt so manche Pillen-Marken,
wird Adonis ganz im Nu.

Kommt der Mann dann in die Jahre
und wird zunehmend bequem,
wachsen ihm jetzt graue Haare,
Fitness nicht mehr angenehm.

Bleibt er lieber dann zuhause,
ruht sich auf dem Diwan aus,
macht er gern mal eine Pause,
die Bewegung wird zum Graus.

Und so legen sich die Pfunde,
um die Taille rings herum
und sie wachsen Stund' um Stunde,
ach was soll's, so sei's halt drum.

Jetzt der Wein schmeckt alle Tage,
gibt er doch Vergessenheit,
manchmal wird's auch zum Gelage,
das verdrängt die alte Zeit.

Denn Adonis ist verschwunden,
der einst strotzte voller Kraft,
jetzt mit Bacchus mehr verbunden,
durch den tröstend' Rebensaft.

Epilog

Humor

Humor, wer möchte ihn vermissen,
besonders auch an trüben Tagen,
wenn wir uns fühlen ganz „beschissen“,
der Chef uns auch noch liegt im Magen.

Dann kann die Heiterkeit stattdessen,
uns aus dem tiefen Abgrund holen,
wir alle Trübsal nun vergessen
und auch der Chef bleibt uns gestohlen.

So sollten wir die schweren Sachen,
die uns das Leben oft vermiesen,
beiseite schieben mit ’nem Lachen
und mit Humor das Jetzt genießen.

Der Trübsal größter Feind ist Freude,
drum lassen wir’s uns nicht verdrießen,
wir werden nicht der Trübsal Beute,
weil wir zum Mond den Ärger schießen.

Denn nur mit einem frohen Herzen,
das Weltgeschehen ist zu fassen
und lässt so manches uns verschmerzen,
wenn mit Humor wir sehn’s gelassen.

Inspirationen

In ach so mancher stillen Nacht,
bin ich vom Schlafe aufgewacht,
hab mich sogleich ans Werk gemacht
und manchen Vers mir ausgedacht.

Doch wollt' es mir nicht recht gelingen,
die Worte ganz geschickt zu setzen,
musst' ständig mit den Reimen ringen,
doch übrig blieben nur Wortfetzen.

So kam mir oft ein Humorist,
zu Hilf' bei den Gedanken,
er war ein Wortjongleur-Artist,
möcht' mich bei ihm bedanken.

Hat mich genommen an die Hand,
mir manch' Idee gegeben
und mich entführt ins Dichterland,
erleichtert so mein Künstlerleben.

Sein Name ist sehr wohl bekannt,
er heißet Erhardt und auch Heinz,
sein Werk genial und amüsant,
erfreut noch heute unsereins.

So habe ich es stets versucht,
zu werden auch ein Humorist,
hoff' sehr mein Werk wird gern gesucht
und landet einst nicht auf dem Mist.

Anhang
Goethes Faust I – Original-Zitate

Anhang

Goethe – Faust I – Original-Zitate

[1]*Original:*
"Das Sprichwort sagt: Ein eigner Herd, // Ein braves Weib sind Gold und Perlen wert." — **Garten**

[2]*Original:*
"Der Worte sind genug gewechselt, // Laßt mich auch endlich Taten sehn; // Indes ihr Komplimente drechselt, // Kann etwas Nützliches geschehn." — **Vers 214 ff. / Direktor**

[3]*Original:*
"Von Zeit zu Zeit seh ich den Alten gern // Und hüte mich, mit ihm zu brechen. // Es ist gar hübsch von einem großen Herrn, // so menschlich mit dem Teufel selbst zu sprechen." — **Vers 350 ff. / Mephistopheles**

[4]*Original:*
"Mit Euch, Herr Doktor, zu spazieren // Ist ehrenvoll und ist Gewinn." — **Vers 941 f. / Wagner**

[5]*Original:*
"Dem Hunde, wenn er gut gezogen, // Wird selbst ein weiser Mann gewogen." — **Vers 1174 f. / Wagner**

[6]*Original:*
"Wie glücklich würde sich der Affe schätzen, // Könnt er nur auch ins Lotto setzen!" — **Vers 2400 f. / Mephistopheles**

[7]*Original:*
"Natürlich, wenn ein Gott sich erst sechs Tage plagt, // Und selbst am Ende bravo sagt, // Da muss es was Gescheites werden." — **Vers 2441 ff. / Mephistopheles**

[8]*Original:*
"Die Kirche hat einen guten Magen, // Hat ganze Länder aufgefressen // Und doch noch nie sich übergessen." — **Vers 2836 ff. / Mephistopheles**

[9]*Original:*
"Der Äpfelchen begehrt Ihr sehr, // Und schon vom Paradiese her. // Von Freuden fühl ich mich bewegt, // Dass auch mein Garten solche trägt." — **Vers 4132 ff. / Die Schöne**

[10]*Original:*
"Mein Pathos brächte dich gewiß zum Lachen, // Hättst du dir nicht das Lachen abgewöhnt." — **Prolog im Himmel**

Jürgen R. von Gernler,
(alias Maximilian J. R. von Berg)
ist in Nürnberg geboren und verbrachte seine Kindheit und
Jugend in Oberfranken.

Er studierte Immunologie und Biochemie.
Promotion in den Fächern Immunologie und Biochemie am
Institut für klinische Immunologie und Rheumatologie der
Universitätsklinik Erlangen.

Anschließend absolvierte er eine Heilpraktikerausbildung.

Seit 1998 ist er selbständig tätig im medizinischen
Schulungsbereich (Naturheilkunde und orthomolekulare
Medizin).

Er lebte von 2011 bis 2023 zeitweise in St. Gallen
(Schweiz). Hier sind auch viele seiner zahlreichen
Gedichte entstanden.

Seine Hobbys sind Lesen, Schreiben, Wandern und
Klassische Musik.

Er liebt Havanna-Zigarren, Rotwein und Bayerisches Bier.

Er hat Gedichte in der „Frankfurter Bibliothek", in „art of
mind", „art of heart", „art of mysterie", „art of fun", „art of
xmas", der „Bibliothek Deutschsprachiger Gedichte" und
im Pfarreiforum St. Gallen veröffentlicht.

Heute lebt er mit seiner Familie in Oberfranken.